U0026269

THE PENDULUM KIT

All the Tools You Need to Divine the Answer to Any Question and Find Lost Objects and Earth Energy Centres

無所不能的靈擺占卜

找尋失物、預測解惑、檢測食物、能量治療、溝通潛意識……
你的靈擺全部辦得到！

席格・隆格倫 [Sig Lonegren]—著

海格夫人—譯

前言

占卜（dowsing）是一門科學的藝術。這項工具主要是在人類的邏輯分析與直覺力之間，做為銜接兩種能力的橋樑。現今有許多人都在尋找取得兩者平衡的方法；也就是如何多使用一點直覺力。用靈擺（pendulum）來占卜，是一個簡單又自然的解決之道。讓我來解釋一下什麼是占卜：詮釋一個靈擺的擺盪（或振動）動作，以解答我們提出的問題，就稱為占卜。這意味著運用你的直覺，或其他人稱為「探測」（divining），求得靈擺的回應。

我大約是在二十五年前第一次接觸靈擺，當時我的母親教我如何使用一種折彎的衣架——L形杖，又稱為角杖（angle rods），參看第一三八頁——在我們的前院草坪上尋找地下水管。從此以後，我就專心研究這個屬於地球神祕學（Earth Mysteries）的占卜領域，並取得神聖空間（Sacred Space）的碩士學位，成為美國靈擺占卜師學會（American Society of Dowsers, ASD）的理事之一，帶領學會附屬的占卜學院，並且撰寫了《靈性占卜》（*Spiritual Dowsing*）一書。我也與英國的橡龍（OakDragon）合作，這個組織辦理九天的整體主義❶戶外教育營隊活動，專門探討地球神祕學領域的各種議題。

過去十五年來，有關占卜的各種可能性的用途大幅的擴展了。占卜從探測哪裡可以找到最近的飲用水源開始，已經走了很長的一條路。目前坊間有不少關於占卜的書籍。有些占卜書屬於進階讀物，對於初學者來說太過深奧。有些占卜書寫得不好，或只專注於探測水源的主題。而這本書是專為剛覺察到占卜這門古老藝術的潛在價值的讀者而寫的。

這本書假設你從未接觸過占卜，因此提供了種種練習方法，幫助你成為占卜能手。這套工具書附有一個靈擺（靈擺是最好的基礎占卜

❶整體主義（整體論；wholistic or holistic）形塑了當代西方靈性觀中的健康概念，認為人是由身、心、靈所構成的完整系統，靈性成長應包含人（做為完整系統）的健康。靈擺占卜是新時代運動中的靈修工具之一，本書作者在此提到的營隊活動，是以整體主義為主的各式靈修活動。

工具之一）。如果你是這本書的二手或三手讀者，而書中所附的靈擺已經被原來的讀者拿走了，你也可以自己簡單動手做一個靈擺。你可以拿一條大約三十公分長的線，一端綁住你挑選出來的一個重物——它必須重量分布均勻，例如一只厚重的戒指，或是一個六角形的螺帽。如果你目前手邊沒有靈擺，在翻開第一章之前，請先準備一個。本書的章節包括：如何使用所附的靈擺；占卜要在何種情況下才會運作；還有許多實作圖表，包括一些結合占星學的新占卜方法，可以讓你對自己有更多的探索發現；如何製作與使用其他種類的占卜工具；關於占卜與科學的討論，以及可靠的參考資料，提供你有關占卜的其他書籍與相關組織。

當你一邊閱讀時，請盡量就書裡所提供的全部練習進行實作。不要對自己說：「我要先讀完這本書的內容，之後再來做練習。」如果你用這樣的方式閱讀這本書，就沒有把握住我的重點。如果你已經照著書做了各種練習，當讀完這本書時，你將擁有一個新方法，可以讓你在意識層面上把直覺能力帶入各種實際的決策過程中。歡迎你進入靈擺占卜這個美妙的新／舊世界。

席格・隆格倫（Sig Lonegren）

一九八九年四月二十日　滿月

第一章

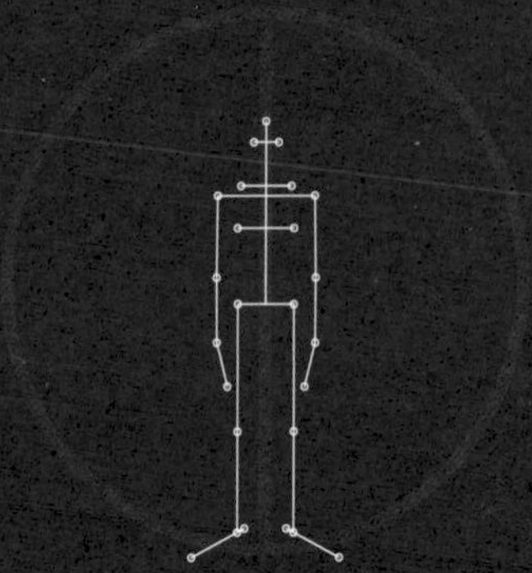

什麼是占卜？

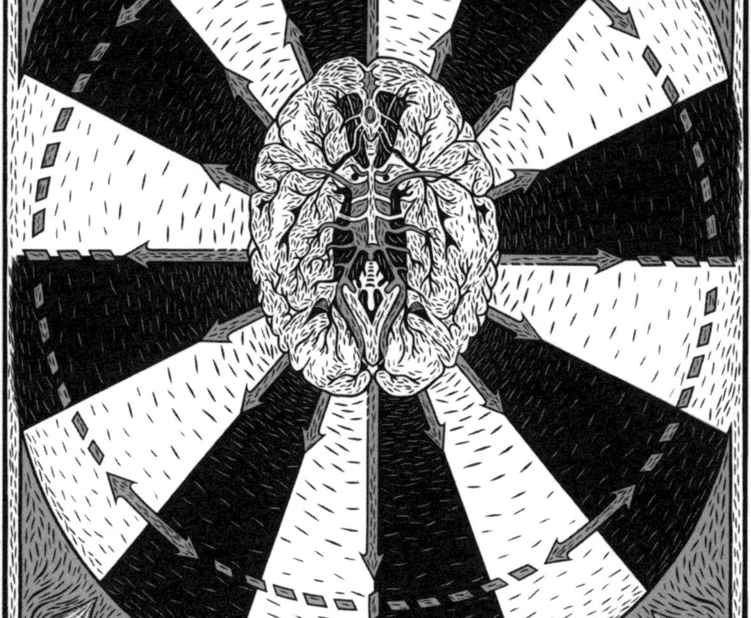

那是圖畫書裡描繪的佛蒙特州（Vermont）晴朗天氣，草坪綠油油的，天空飄著些許美麗白雲，像一顆顆大大的白色棉球，為詩丹納山（Stannard Mountain）以東的山脈鑲了邊框。我們就坐在前院的草坪上，和朋友一起享受這一天。我的妻子凱西不知怎的一直把玩著她的訂婚戒指，那只戒指是我祖母留下來的；突然間，凱西發現戒指不見了。要往哪裡尋找呢？於是我們把草坪分成幾個小區塊，拚命的用手指翻弄草地，尋找這只戒指。

突然間，我想到我口袋裡的靈擺。我用的是（相當遺憾）所謂的子彈型靈擺（bullet pendulum）——它是鋼製材質，約有一支筆的厚度，長約三公分，尖端朝下。另一端繫著一條約十五公分長的鏈子，是那種舊式水槽用來連接塞子的鏈條。當我手中握著這條在指間擺盪、繫著鋼製物體的鏈子時，腦海裡浮現出各種想法：「這曾是祖母的戒指，現在對凱西來說是很重要的東西……光是寶石本身就價值不菲……可能永遠都找不到了……等一下！這件事相當重要。要專心一點。凱西的訂婚戒指是在什麼方向呢？」

靈擺開始來回振動，靈擺線稍微朝向我的左邊。「它是在我的前面嗎？」我的靈擺朝著順時針方向振動，對我來說這就是「是」的意思。我後頸的毛髮開始感到一陣發麻。這是身體在對我發出訊號，告訴我我的方向是正確的。

我在心裡為靈擺線的方向標出記號，同時往左邊移動了大約九十公分，並且稍微往前進。我再問道：「凱西的訂婚戒指是在什麼方向？」這一次，靈擺開始前後振動，指的正是我面前的方向。我在腦海中，可以「看見」靈擺顯示的第一條靈擺線。然後我注意到它現在所指的方向。戒指應該就在這兩條靈擺線的交會點。我把手伸向草坪上的該交會點，抓住一把草。我的手指摸到戒指了。我是怎麼辦到的呢？一個振動的鋼製靈擺為什麼能為我指出一件貴重失物的所在位置？人們稱作占卜的這個現象是什麼？占卜是怎麼運作的？

我要先說的是，占卜除了是協尋失物的一種好工具之外，它也是讓我們人類的理性與直覺兩個面向保持平衡的一種方法。占卜是探索潛意識的工具，為問題尋求解答的一種方法，尤其是那些無法透過理性思考過程或使用科學方法論就能得到答案的問題。不過，理性思考過程也是占卜過程的一部分！

所以，我們現在就來談談占卜，或有些人稱為「探測」（divining）的這件事情吧。首先，占卜與探測這兩個詞並沒有區別。它們指的是同一件事。英國和美國的占卜學會都致力於探討占卜／探測的可能性的完整系譜。在這本書裡，我將使用占卜一詞，因為這個詞最常被拿來形容以靈擺（或其他裝置）為主的方法。你也可以輕鬆的加入探測一詞。

一旦學會「是」與「否」這兩種靈擺的訊號或答案，你的直覺就可以用它來和你溝通。在嘗試探索這個現象究竟是什麼之前，我們先來看看左腦與右腦的議題，以及「知」（knowing）的方法，這方面我們會以靈知派（Gnostics）——基督教發展初期的一個異端——來討論，該教派的哲學有助於理解占卜過程。我相信直覺與占卜是同一件事，而占卜一定會促使你去練習自己的直覺能力。我們將看到占卜的幾種可能解釋方式，包括使用雷達模擬，以及和全息圖

（hologram）❷作一比較。

練習占卜

我們將在本書裡進行各種占卜練習。

這些練習將以楷體字呈現，如同這段話，為的是提醒你：你要做的不只是閱讀這段文字而已。

若想從這本書得到收穫，需要你積極的參與。你無法透過閱讀來學會占卜方法，而得實際的進行占卜才行。本書附有一個稱為靈擺的占卜工具，它是一個圓錐形的黃銅墜子，一端繫著一條柔軟的線（中文版是一條金屬鏈子）。

讓我們進入第一項占卜練習，並使用這個神奇的小工具。我們要從找出三個不同的靈擺回應。首先是「探查位置」（search position），這是一個「我已經準備好了」的位置。

用大拇指與食指握住繫有靈擺墜子的線，手心朝下。讓你的手和墜子之間留有大約五公分長的線。如果你想要比較舒適的話，可以把手肘靠在桌面上。

❷或譯為全像圖、全像攝影或立體攝影，是指使用雷射光束製造出來的特殊照片，肉眼看起來具有3D立體效果。

探查位置是你將在本書學會的其他占卜操作方法的起始位置。在使用靈擺時，並沒有所謂的標準反應。每個人的探查位置不一定相同。通常，探查位置有兩種反應：要不是一點反應也沒有（靈擺靜止的垂掛在空中，一動也不動），就是對著你前後擺動。這兩種反應都是可以接受的探查位置。有好幾年的時間，我一直和艾德華・賈斯川（Edward Jastram）共同帶領美國占卜師學會的年度占卜課程。艾德華的探查位置是靜止型，我的探查位置則一向是前後擺動。以下是你的第一項練習。

如圖所示，握住你的靈擺。對它說：「讓我看到我的探查位置。我想知道我的探查位置。」

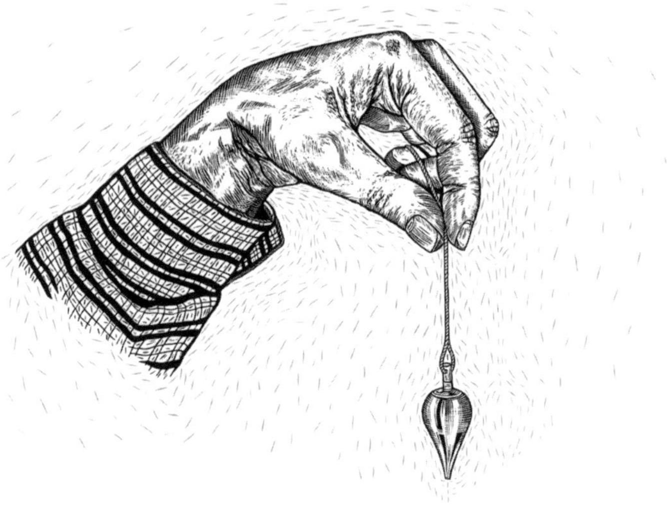

用手握住你的靈擺，如圖所示。

這個練習最棒之處在於，你的第一次占卜嘗試絕對是成功的，即使靈擺一動也不動！

現在來看什麼是「是」。同樣的，關於「是」的回應並沒有通用的標準；不過，多數的占卜師發現，它可能有兩種回應方式：假如你採用的探查位置是完全靜止的，得到「是」的回應呈前後擺動，就像是你點頭說「是」；也有人得到「是」的回應是順時針擺動。你可以決定任何一種回應方式。

手握住靈擺，放在你的探查位置，問以下問題：「當春天青草剛冒出來的時候，它們是不是綠色的？」當然了，你一定知道答案為「是」，所以留心觀察靈擺從探查位置如何開始偏移。你也可以說：「讓我看到『是』，讓我看到『是』。」

如果靈擺似乎沒有任何動靜，那麼你就讓它動吧！我建議你讓它往順時針方向擺動。在你這麼做的時候，對自己唸道（或者自我覺察程度不夠強的話，就大聲的說出來）：「這是『是』，這是『正』，這是『陽』，這是『是』。」

現在讓我們來找什麼是「否」。如果你的靈擺對於「是」的回應是前後擺動，或許你將發現「否」的位置是左右擺動的情況，就像你搖搖頭代表否一樣。另一方面，如果你的「是」為順時針方向，或許將發現「否」則是逆時針方向。試著透過以下練習來找出靈擺對於「否」的回應方式。

握住靈擺，處於探查位置，問以下的問題：「雪是綠色的嗎？」還是一樣，你知道這個問題的答案是「否」，所以觀察靈擺從探查位置如何朝「不是」的方向擺動。那個方向就是給予你「否」的回應。

至於有人的靈擺完全沒有任何反應，那並沒有關係。許多初學者讓靈擺以自己的方式運作時（至少那是當事人在第一次經驗到靈擺擺動時會有的感受），都會遇到困難。所以我建議你把靈擺往逆時針方向擺動，同時對自己說：「這是『否』，這是『接受性的』❸，這是『陰』，這是『否』。」

如果接下來這一週，你每天都做幾次這項練習，就能建立起靈擺占卜的技巧。有件事情正在發生：你在與自己的潛意識溝通，並設立一組密碼。至於密碼是什麼一點也不重要，重要的是你有一組密碼了。到目前為止，你已經有三個可辨識的不同訊號：探查位置、是、否。對自己承諾，接下來這一週每天都會做一次這三項練習。這些練習真的能幫助你發展成為一位占卜師。

左腦與右腦

我們今天生活在一個強調理性思考的世界。在學校求學時，我們思考的問題不外乎是：「有哪五件事情導致了美國南北戰爭？」或是「如果一個圓的半徑是四公分，那麼它的圓周是多少？」儘管是誰發現墨西哥這個問題很重要，但是似乎沒有人在意，當阿茲特克人發現艾爾南・科特茲（Hernan Cortes）❹及其同僚的計謀時，他們當下的感受。我們習慣把歷史看成是一連串的結果與事件。我們被教導要理性分析、追隨秩序、反芻「正確的」答案；當然我們也會辯駁說，有少數老師似乎也有興趣強化我們的直覺與感受面向。

過去十至十五年之間，已經有不少討論左腦與右腦的著作問世。左腦似乎

❸原文是 Receptive，有接納的意思，為陰陽兩極中的「陰」，陰的能量是強調用接受的態度來面對結果，是被動的、消極的。並非中文所指的負面意義，而是以接納、擁抱現狀的態度來面對眼前結果。

❹艾爾南・科特茲（1485–1547），活躍於中南美洲的西班牙殖民者、探險家。

主司我們身體的右半部，以及我們的分析與線性思考能力。如果你中風了，造成身體右半部癱瘓，那麼你可能無法說話——說話能力是一種線性活動，英語裡主詞要在動詞之前，動詞又要在直接受詞之前。右腦則主司身體左半部，而且這區似乎是主觀的❺、直覺的能力以及主掌整體運作的能力。我們依賴右腦來認出他人。我們並不是看著某人的鼻子、嘴唇、眼睛及頭髮，然後說：「噢，是你啊，傑克！」認出一個人並不是線性的功能。我們看的是對方的整個臉，才認出他是誰。據說，右腦也主司我們的直覺能力。儘管近年有研究指出「左腦是理性、右腦是直覺」的這種論述太過於簡化，但就本書的目的而言，這個比喻仍然是很有幫助的。

我們的理性面向被餵養得很好——甚至餵得太飽了；然而，我們大部分人的直覺、主觀面向卻是不足的。我們的學校、工作、政府似乎並不重視人類的這一個面向。這就好像閉上一隻眼睛行走生命之旅一樣。許多人正在覺醒中，他們明白要有真正的圓滿，就必須探索人類這些屬於直覺、主觀的面向。占卜這項技術對此非常有幫助。

在當今的現代世界中，如果有人「知道」（know）某事物，就是意味著任何其他人也能藉由自己的五感（或靠一小台電子裝備）而知道那件事物。「知道」某事物，就是指這件事物可以藉由使用科學方法加以證實。「知道」這個動詞是來自古英文：「所知」（knowen）可溯源自拉丁文gnoscere。

但gnoscere還有另外一層意義，這個意義在歷史過程中卻不見了，或是被禁止使用。早期的基督教異端團體靈知派對生命的看法，在許多層面上讓當時的教會成員感到不滿，並且覺得受到威脅。靈知派的其中一個看法，認為女性與男性是平等的；而女性也的確在靈知派的聚會中行使職務。這在教父系統（Church Fathers）中是很稀有的情況。早期教會歷史被稱作教牧的（patristics），這個字是源自於拉丁文pater，意指父親。在早期教會的階層組織中，似乎沒有給予婦女的陰性（直覺）能量任何空間。

靈知派致力於以直接的或個人的方式去「知道」，或者你可以說是「感知」（gnow），這是一種直接而個人的靈性領域。儘管靈知派對於各種教義是持開放的態度，不過他們覺得靈性的責任終究是落在每個人的內在。靈知派無法接受

❺原文為subjective，在此有主觀的、主體的、內在的、下意識的等多重意思。

羅馬教廷成為判定眾人靈性合法性的最終仲裁者。因為靈知派教徒已經直接經歷過難以理解的靈修經驗，也因此決定要由自己去感知實相。他們宣告唯有自己可以有權去感知什麼是真理、什麼不是真理。

當一個人在直覺上的知道某件事，這必然無法透過任何理性過程來證實。當一個人知道神的存在，他並無法透過嗅覺、味覺、視覺、聽覺或觸覺去認知神；這種認知並非來自於身體的五感。這裡說的「知道」，講的是人類的直覺面向，而非理性的面向。占卜，就是一種直覺認識法。

如之前所描述的，占卜也是一門科學的藝術。或許你聽過水源探測或水源占卜，迄今依然是這門古老形式占卜術的一個重要領域。善於占卜的人，必須同時擅長於科學（解讀為理性的）與藝術（解讀為直覺的）。首先，你要能提出對的問題；例如，如果有朋友需要一口新的水井，你不能只是到他們的屋子，然後問：「離這裡最近的水源在哪裡？」

你可能偵測到水源在地下兩百一十公尺的深處，該處每小時會噴出近六十公升的水量，嚐起來還有點硫磺味，而且每年四到九月是枯水期。所以與其問：「離這裡最近的水源在哪裡？」不如改成這樣的問題：「我必須自己鑿一口井，所以，不超過地下六公尺深、整年都要能每分鐘至少汲取十九公升左右的水量，而且是離這裡最近的、可搬運的飲用水在哪裡？」這樣的問法就對了。這就是占卜藝術的「科學」面向——問了對的問題。

接著是直覺的面向。我們這部分的大腦，可以不用推論就立即心領神會。不知怎的，你必須要暫時關閉左腦的分析面向，同時開啟直覺的面向，如此一來你才能感知到答案。占卜用的工具就能提供你最好的答案，而令人覺得神奇的是，在一位稱職的占卜師手中，占卜工具往往運用得很順暢。一位好的水源巫士——一些占卜師如此稱呼他們——成功率大約有百分之八十五到九十！

為什麼我要如此的強調直覺呢？我覺得我們生活在一個強調理性思維就能解決所有問題的世界裡。許多人也這麼深信不移。但有趣的是，我們生活的世界似乎並不是這樣運作的。從阿基米德（Archimedes）坐在澡盆內突然發現有某種重力，然後跳起來大叫道：「我懂了！」到現代社會裡最成功的商人，都是靠著預感行事。研究告訴我們，在理性、線性思考的西方人類發展過程中，直覺一直扮演著重要的角色。

愛因斯坦（Albert Einstein）是另外一個絕佳的範例。他的思考方式就是屬於創造力爆發型。我住的屋子曾經是路德・艾森哈特（Luther Eisenheart）所有，他是愛因斯坦在普林斯頓大學時期的數學教授。附帶一提，愛因斯坦在小學時期的數學成績並不優異；因為他以跳躍式的創造力來思考。艾森哈特教授的任務就是創造可以連接愛因斯坦跳躍式創造力的公式與方程式。

我們也可以把占卜法當成一種顯然是非理性的跳躍。它為那些理性工具無法（或者至少要花上很長一段時間）找到解答的問題提供了答案。水源占卜師無法看見、碰觸、嗅聞、聽到或嚐出位在地底下的水源脈，但就是找得到它。占卜法帶我們跳脫理性思維，但或許最重要的是，占卜法並不要求你丟掉理性的想法。它並不是一個在理性和直覺之間二選一的議題。占卜法同時需要這兩種能力。你需要問出對的問題（使用左腦），再讓你的直覺面（使用右腦）尋找到答案。而且，你想得出來的任何東西都可以用到占卜；你只受自己的想像力所侷限。除了地下水源脈之外，人們在今日也使用占卜來探測油脈、礦脈、寶藏、失蹤人口、健康、地球能量，以及其他各種目標物等，涵蓋了可見和不可見的事物。

許多時候，人們占卜並不是要去求取具體的物質目標，而是為了尋找是或否的答案，占卜的問題可以從「這個梨子熟了嗎？」，到「就我目前的生命來說，這是正面的方向嗎？」等。本書所要談論的重點就是在這個層面上的占卜——我們要如何透過占卜來解答與自身生命特別相關且重要的問題。

占卜是如何運作的？

我知道你一定迫不及待的想問這個問題。最誠實的回答就是，我們真的不知道，但有幾個相關的理論。第一個理論與雷達有關。在尋找地底下的水源脈時，也許就像雷達一樣，占卜師釋放出要尋找這個目標物的某種訊號。當探測到目標物時，這個訊號就傳送回來給占卜師，同時讓占卜工具移動。另一種可能則是，或許水源脈本身就會散發出某種訊號，而被占卜師接收到了。

但是，雷達探測或許來自地底下的訊號，要如何解釋「就我目前的生命來說，這是正面的方向嗎？」這類以「是或否」回應的占卜提問呢？而水源占卜師要如何找到一個水源脈，能提供每分鐘生產十九公升左右的水量，還要整年都能生產？至少就我們目前的理解而言，雷達是無法對此提供解釋的。雷達可以監視並偵測既有的物體，但無法探測未來或回溯過去。雷達並不知道一個水源脈在過去曾生產過多少的水量，也不知道它在未來將有多少水量。所以，雷達要不是不屬於占卜運作的方式，不然就只是占卜運作幾種方式的其中之一而已。

有關占卜如何運作的問題，有一個可能的解釋就是利用全息圖。在一九八一年，倫敦生物化學家魯叵・薛卓可（Rupert Sheldrake）寫了《新的生命科學》（*A New Science of Life*）一書。他在這本書中提出一種觀看實相的舊／新方法。他提供一種以全息圖為基礎的概念，取代了三度空間或線性觀看實相的方式。全息圖的看法提供我一種全然不同的觀點來想這個問題：「什麼是實相？」

舉例來說，與一張普通攝影的底片不同，一張香蕉的全息底片看起來就像有人丟了一把小卵石到池塘裡一樣——是一連串中央往外擴散的形狀。如果你把一張傳統底片撕掉一角，接著沖洗相片，將只會看到相片——譬如香蕉影像——的一小部分；然而，如果你把一張全息圖底片的一角撕掉，接著放在一束同調光（雷射光束）底下，還是會看到整個香蕉的影像——或許不是很清晰，卻還是完整的影像。

或許整個宇宙就像一張全息圖底片，每個人都是這張底片的一小部分。我們內在都有這張底片的完整影像。如果神是內在的，而且神是無所不知的（全知／感知），那麼我們當然可以找到這個問題的答案：「這個水源脈是整年流動的嗎？」

如果我們是整個宇宙全息圖的一部分，那麼只要探索自己內在，就可以找到問題的答案。許多有冥想經驗的人會告訴你，這個說法是很有道理的。根據全息圖的模型，在我們人類之內的任何一處，都是全息圖的一小部分，它收錄著我們可能提出的各種問題的所有解答。有些人稱之為寂靜的微小聲音。

因此，根據全息圖的模型，占卜所尋求的答案其實存在於每位占卜師的內在。另一方面，雷達則是外在的。有些訊號是由我們內在發射出來，而當它找到外在的目標物時，就會反彈回來給我們。另外還有一種可能的解釋，認為占卜會帶我們去「天上的一間大圖書館」——類似印度教的阿卡沙祕錄（Akashic Record）——在這個地方，記載著一切發生過的事情。這還是屬於外在的。

靈擺是我們開啟直覺面的一種工具。為了使靈擺運作，我們必須同時使用自己的理性面與直覺面。靈知派能夠使用感知的直覺方式，而占卜則可以讓直覺面向為今日的我們所用。那麼占卜是如何運作的呢？真正的答案或許就在上述的各種解釋裡。我們真的不知道。在不同時候，為了各式各樣的理由，占卜似乎是以多樣的方式，並在截然不同的層次上運作。我們已經比較了占卜的行動和雷達、全息圖等其他幾種媒介，但從實用的角度來看，占卜是如何運作的這個問題，最終是無關緊要的；重點是占卜行得通——至少在大部分時候都是如此。這聽起來並不是非常可靠，但重要的是記得：我們的理性面也不總是百分之百的正確。然而，只要我們的理性與直覺兩個面向一起運作，就能大幅的增加我們找到最好解答的機會。這本小書的目的：就是運用我們的直覺，讓感知的那一面（直覺上的知道），比現在有更多經常運作的機會。

讓我們再次來做這項簡單的靈擺練習。用你的拇指與食指握住靈擺，並且說：「讓我看到我的探查位置。」

一旦你找到探查位置，接著說：「讓我看到『是』。」觀察靈擺的回應，「這是『是』，這是『正』，這是『陽』，這是『是』。」

現在接著試試：「讓我看到『否』。」然後，「這是『否』，這是『接受性的』，這是『陰』，這是『否』。」

恭喜！你已經在成為占卜師的路途上了。

請記得要持續練習。有時候我會要求你放下這本書，去蒐集一些東西以進行另一項練習。當你閱讀這本書時，無論如何請盡可能的跟著練習。當你能跟隨練習親自實作，後面的章節對你而言將會更有意義。

第二章

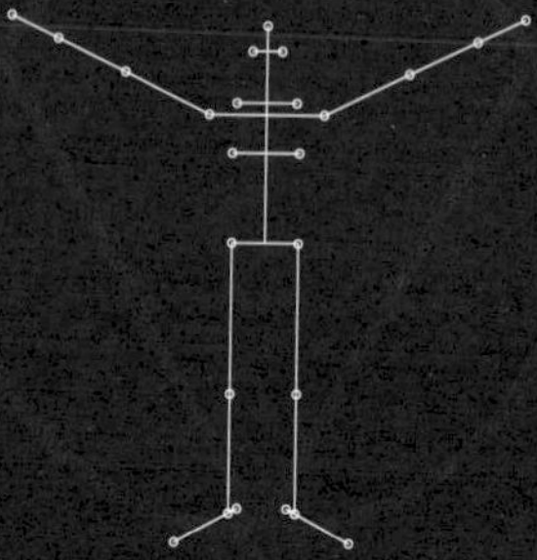

啓動你的靈擺

A
B

關於占卜，沒有所謂人人都適用的正確方法，但對你來說，正確的方法只有一種；當你學習占卜時，就會找到一種你最順手的方式。本書裡有許多不同的建議，我相信你會逐一的去嘗試，但到頭來，只有你能決定哪一種占卜法最適合你自己。舉例來說，你要用哪一隻手握靈擺呢？請注意，到目前為止，我都沒有建議你用哪一隻手去握靈擺！但你自然而然的就感知（直覺上的知道）自己要用哪一隻手最好。持續使用你一開始就慣用的那一隻手。當你進行靈擺練習時，記得讓自己放鬆。不要太努力的想得到你認為一定是最精確的回應。

接下來我們要進行的靈擺練習，靈擺要告訴我們的答案是「也許」，或是我們問錯了問題時靈擺會有的回應。一旦你學會「是」、「否」以及「也許」這三種回應後，玩一下「二十道問題」或「動物、蔬菜及礦物」等兒童遊戲，可以增進你獲得靈擺回應的技巧。

操作各種占卜時，「調頻」（tuning in）是占卜師需要培養的最重要技能之一。雖然沒有放諸四海皆準的調頻方法，但我在這裡提供一個步驟，可以幫助你專注於手邊要占卜的議題。接下來有幾個使用銅板的占卜實用練習，以及淺論為什麼占卜無法永遠靈驗。此外，靈擺也能為你指引方向。本章會以幾項練習當做結尾，我們將使用「前端」（leading-edge）的概念以及「三角檢定法」（triangulaiton）來找出某一標的物的位置。

「也許」的回應

到目前為止，你一直在練習靈擺對「探查位置」、「是」、「否」的回應。現在讓我們來練習第四種。它是回應「你問問題的方向錯誤了」，或是「這個問題沒有意義」，或再說得更簡單一點，就是「也許／錯誤的問題」回應。從你最終想發現什麼真相的角度來看，並非你所問的每一個問題都有意義。如果你走錯方向了，靈擺會以這種「也許／錯誤的問題」回應方式來讓你知道。

手指握住你的靈擺，處在探查位置。大多數占卜師都發現，「也許／錯誤的問題」的回應是在來回擺盪和左右擺盪之間的一半位置——約四十五度角。你親自試試看吧！

問你的靈擺：「讓我看看我的『也許／錯誤的問題』的回應是什麼。」如果靈擺似乎不想振動，就讓它往四十五度角的位置來回移動，或是朝時針十點半向四點半的位置移動，或是朝時針一點半向七點半的位置移動。

你現在有四種不同的靈擺回應了。有了這些基本動向，任何你想像得到的問題都可以獲得答案了。你可以利用古老遊戲的技巧，例如「二十道問題」（它是動物嗎？它是礦物、或是

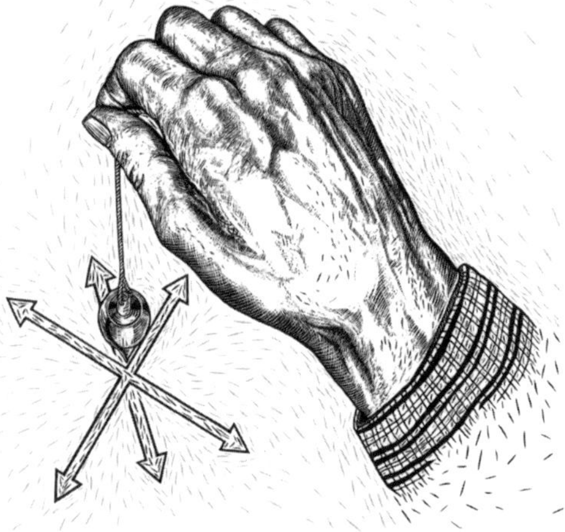

「也許／錯誤的問題」的回應有兩條路徑，都會橫跨中心點，並且距探查位置四十五度角的方向。大部分人會發現他們的是「也許／錯誤的問題」的回應緊跟著其中一條路徑。參見圖示。

植物嗎？它比麵包盒還大嗎？它是在我們的廚房裡嗎？或是在起居室裡嗎？等等問題），就可以透過占卜找出這些問題的答案。

不過，還是有一些陷阱存在；而初學者與經驗老到的占卜師之間，差別就在於初學者總是落入這些圈套裡。我先前提過，問對問題很重要。當你在形成問題時，盡量確定它只能被帶往一個方向。你的潛意識往往把事情看得非常表面。（記得我先前的舉例：「離這裡最近的水源在哪裡？」）所以你要先想好問題，提出的問題要盡可能得清楚。如果你一開始沒有問對問題，那麼之後也就得不到正確的答案。道理就是這麼簡單。

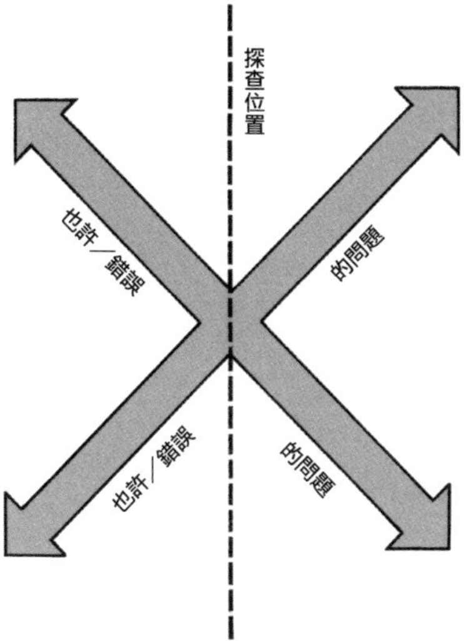

調頻

接下來是調頻。這就像是打開收音機，調到正確的頻率一樣。我使用四個準備步驟或問題來調頻。分別是：我陳述我想做的事，同時希望得到「是」的回應；接著詢問三個簡單卻相當重要的問題：「我有能力問了嗎？」（Can I?）、「我可以問了嗎？」（May I?）、以及「我準備好了嗎？」

「我有能力問了嗎？」是關於我有沒有具備獲得問題正確解答的占卜技巧。（你或許記得剛去上學的小朋友老是舉手發問：「老師，我能不能去上廁所？」老師會回答：「當然『能』去啊，可是你必須要在寫完測驗後，才『可以』去喔！」）在這個階段，你可能已經具備必要的技巧，可以幫朋友找出遺失在房內某處的戒指，但你可能還無法占卜出關於未來的事情——這又稱為「及時占卜」（dowsing in time）。「我有能力問了嗎？」將會讓你知道自己是不是已經具備了必要的占卜技術。

「我可以問了嗎？」則是與徵求許可有關。這在目前或許看不出關聯性，但有些熟練的占卜師所參與的事情，是會令初學者遇上種種困難的。涉入神祕學或使用靈擺去對無法解釋的現象尋求解答，有經驗、有能力的占卜師能夠運用得宜，卻可能令初學者誤入歧途。因此，在占卜這類問題之前，先徵求許可，是很明智的舉動。

在其中也可能有業力的影響。業力（Karma）是每個人的善惡果報，以及因而要去學習的功課。你可能很想占卜這期樂透會開出哪些號碼或是猜中賽馬名次，不過一旦你使用你的占卜／直覺技能去增加物質層面的好處，可能會在業報或其他層面上產生了負面的影響。「我可以問了嗎？」這個問題，可以幫助你遠離一些對你沒有正面幫助的地方。

那麼，當你問道「我可以問了嗎？」，是在徵求誰的許可呢？對於這個問題，有好幾個可能的答案，而所有的答案都像上述「占卜的回答是從哪裡來的？」的回答一樣無力。我自己的感想是，我們每個人都有一位指導靈（spirit guide）在照看著我們，類似夏威夷人胡那（Huna）信仰中的較高自我（higher self，一位可以完全值得信任的父親／母親），或是榮格（Carl Jung）的大我（Self）概念。無論如何，似乎有一股把我們的最高利益放在心中的更高層次力量，就在某處看顧著我們。「我可以問了嗎？」這個問題，正是給予這股力量直接和我們交談的機會，幫助我們維持明智的行動。

占卜在療癒的領域，也已經被證實是一個重要的工具。使用靈擺進行療癒時，徵求許可是一個必要條件。沒有什麼比以下這種情況更煩人或打擾的了：當你去參加一場占卜研習時，有人匆忙的向你走來，在尚未徵求同意的情況下，就貿然開始占卜你的氣場，或是告訴你有什麼問題。這種利用通靈能力侵犯他人隱私的行為，就是不應該做的事。這些人往往一學會新的東西後，就迫不及待的想向其他人展現他們「知道」什麼（注意，我使用「知道」，而不是「感知」一詞，因為這些人顯然還沒學到直覺力）。總之，徵求許可是非常重要的。

所以，我們已經問了：「這是我想做的事。我有能力問了嗎？我可以問了嗎？」至於最後一個調頻的問題就是：「我準備好了嗎？」為了得到一個恰當的答案，我是不是已經完成一切必要的準備工作？我是不是還有其他為了調頻而必須去做的事？假設你到目前為止都得到正面的回應，就在此刻，你就真的可以提出問題了。

可是，假使你問的這四個問題有得到「否」的回應呢？答案很簡單。如果你信賴整個占卜流程，當你得到一個「否」的回應，卻繼續問下去，就不能相信你所得到的答案。所以你必須從頭開始。等一、兩分鐘後再問，而且問的方式要稍微有點不同。如果這四個調頻步驟，有其中一個得到的回應為「否」，就用不同的主題來占卜另一個完全不同的問題。稍後再回到一開始你想問的問題。

在閱讀這本書時，你能使用占卜法最有意義的方式，就是對書中所讀到的任何流程或觀念提出質疑。一九六〇年代晚期，當我準備成為老師時，讀過最重要的一本書就是尼爾・波斯曼（Neil Postman）與查爾斯・韋格納（Charles Weingartner）合著的《教學做為一種顛覆式的活動》（*Teaching as a Subversive Activity*）。書名所提到的顛覆式活動，是指讓中小學的學生去獨立思考。這確實是顛覆的，當你想到今日許多學校的主要目標是要教導學童整齊的坐好、保持安靜，同時講出老師想聽到的答案。在那樣的氛圍下，思考確實是一種顛覆式的活動。

為了獨立思考，首先你必須能夠傾聽他人，接著再自行判斷所聽到的內容是不是可信。這是一種真正的靈知派概念。我對於你要說的話保持開放的態度，但最終將由我自己決定，並謝謝你。波斯曼和韋格納抱持著這樣的想法，把他們著作第一章的標題取為〈看穿廢話〉（Crap Detecting），而這就是我建議你在閱讀本書時使用靈擺的方式之一。

讓我們試著來做一項練習，由你自己決定這些調頻步驟的相關性。此處要占卜的問題就是：「席格在本書提出的調頻四步驟，此刻對我來說，是有用的方法嗎？」

握住靈擺，讓它處於探查位置。

對靈擺說，你想問一個關於調頻四步驟的問題：「這是我想做的事。我想知道，這四個步驟，現在對我來說，是否有幫助？」

「我有能力問了嗎？」我是不是擁有足夠的占卜技術來做這件事？

「我可以問了嗎？」我是否獲得許可？再次，或許在這裡它是一個無關的問題，卻是整個流程的一部分。

「我準備好了嗎？」

（假設你的每個問題都得到「是」的回應。）「席格在本書提出的調頻四步驟，此刻對我來說，是有用的方法嗎？」

所以，你得到的回應是什麼呢？我相信多數的讀者在第一次就會得到「是」的回應。世界各地有許多占卜師使用與這四個步驟類似的調頻流程。萬一你在這項練習過程中，某個步驟得到了「否」的回應，你可以等到閱讀本書更多篇幅之後，再試一次。請注意我們在問這些問題時，使用了「此刻」的字眼：也許現在的你並不需要這個調頻的流程；也許此刻的你很有信心能得到精確的回應。

三枚硬幣的練習

現在我們來進行第一項真正的占卜練習。你需要準備三枚硬幣——兩枚相同面額（甚至連發行日期也相同）的硬幣，第三枚則是要不同面額的。

放了兩枚相同面額的硬幣，讓它們彼此之間相隔一個手掌寬的距離，然後握住你的靈擺，讓它處在兩枚硬幣中間的探查位置。從容的讓靈擺開始在兩枚硬幣之間擺動。一開始只讓它微幅擺動，然後觀察它的擺動幅度逐漸變大。這就好像靈擺的尖端要去接近每一枚硬幣似的。你能感覺這兩枚硬幣的相似性，也能夠感覺靈擺和每一枚硬幣之間的吸引力。

現在拿掉其中一枚硬幣，用不同面額的第三枚硬幣取代它。不同於原先朝兩枚相同硬幣擺動的情況，你的靈擺要不是開始（順時針或逆時針）轉圓圈，就是在硬幣之間左右擺動，或是出現其他的擺動情況，但就是和原先在兩枚相同面額的硬幣之間擺動的情況不一樣。

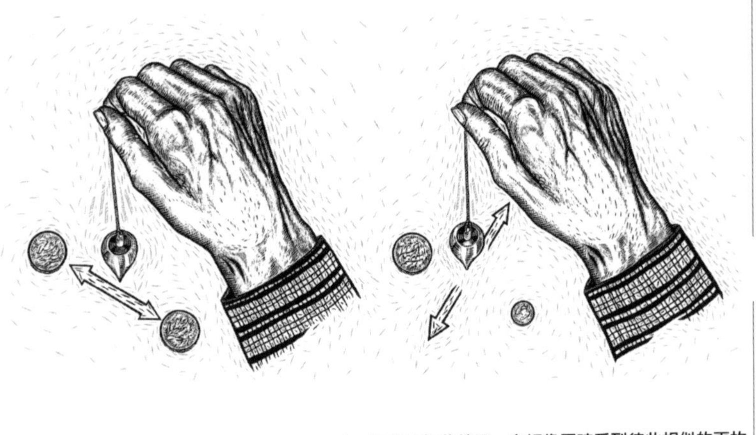

左：注意靈擺的情況，它好像同時受到彼此相似的兩枚硬幣所吸引。
右：使用兩枚面額不同的硬幣，靈擺會受到排斥，並且在兩枚硬幣的中間微幅擺動。

針對這種反應多實驗幾次。你可以用不同模式來排列硬幣。當你把三枚面額相同的硬幣排成三角形時——每枚硬幣之間的距離都是一個手掌寬——你的靈擺會有什麼反應呢？

你可能想用三枚面額相同的硬幣、但只有兩枚的發行日期也相同，做上述練習。把硬幣放在桌上，日期的那面朝下，隨機移動一下靈擺。在看不到日期那面的情況下，選出兩枚硬幣，然後用靈擺占卜，之後再看看它們的發行日期是相同或不同。

擲硬幣的練習

你需要找一位朋友協助你進行這項練習。這項練習其實有點顛覆性，可以說是讓別人對占卜產生興趣的好方法。你需要準備一枚夠大的硬幣、靈擺、一支筆或鉛筆，以及一張記錄占卜結果的紙。

對自己說，你想占卜看看，擲出的硬幣是呈正面（頭像）或是反面（金額）。

「我有能力問了嗎?我可以問了嗎?我準備好了嗎?」

把硬幣放在桌上，正面朝上，然後手握靈擺，拿在硬幣上方。靈擺將從探查位置往「是」的回應擺動。現在把硬幣翻面，並觀察靈擺如何往「否」的回應擺動。(這些回應也可能是相反的——都沒有關係。)

請朋友幫忙擲出硬幣，並在紙上記錄下結果是正面或反面。當朋友記錄結果時，你就問靈擺，擲出的是正面或反面。如果是正面，你的靈擺將呈現「是」的回應；如果是反面，靈擺就會呈現「否」的回應。向朋友說出你得到的靈擺回應，同時請他記錄下來。練習十次。請朋友在做完所有的練習之前，不要指出你的占卜對不對。

所以，你做得如何呢?每次練習都有五成的機率會是對的，所以就算你沒有占卜力，十次中還是有五次會是對的。如果你對的次數超過五次以上，那就太棒了!如果你得到五次以下的結果，在統計上還是有意義的。

這裡真正的重點是與犯錯有關。占卜師——尤其是初學者——會犯許多錯誤。這就像學騎腳踏車一樣，沒有人不曾跌跤。這是學習過程的一部分。但對學騎腳踏車的人來說，跌倒了，重要的就是立刻騎上去，再試一次。此外，身而為人的最佳定義就是：我們都是不完美的。（要是我們知道自己是完美的，我們就不會在這個星球上了。）因此，還是一樣，就長遠來看，我相信沒有哪位占卜師會有百分之百的準確。

所以，如果你在擲硬幣的練習上做得不好，就再試一試。只是這一次，動作可以慢一點。慢慢來。要獲得成功的占卜技巧，就像學習其他技巧一樣，是得花一些時間熟練的。堅持下去！甚至可以讓幫你擲硬幣的朋友，換手由他來試一試靈擺！

我和我的一位朋友伊蓮娜・歐特（Eleanor Ott）博士一直在研究這項練習。一九七〇年代晚期，當我在高達學院（Goddard College）進行神聖空間的碩士論文研究時，她是我的田野指導教授之一。我們把投擲硬幣的方法擴展到過去與未來的預測。我們當中一人會擲硬幣十次，並且記錄下每次的結果，然後由另一個人占卜十次。至於未來的預測，則是在另一人擲出硬幣之前，就先占卜出結果。這是一項簡單的練習，卻是讓你磨練基礎占卜技術的好方法。此外，如果你做得不錯，也會增加信心。

情緒的影響

並非每一位占卜師都擅長所有的占卜法。別因為你在健康的領域裡是一位好的占卜師，就意味著你也擅長於水源占卜。健康占卜和水源占卜需要不同的技巧。所以，擲硬幣法或許並不適合你。但你能做什麼來增加成功的機會呢？有兩件事，你可以試試看。首先，儘管你對擲硬幣的結果並沒有投入太多的情緒，許多占卜者還是在提出問題及靈擺顯示答案之間的短暫時刻「迷失」了。我說的「迷失」，是指有些占卜師在那個時刻分心了，而且自己想著答案或試著猜想答案。如果你這樣做，得到的答案就不是可信的。請再擲一次硬幣看看。

或許用不同的實例可以更清楚的說明這一點。例如，當你的哥哥得了重病，而你懷疑他罹患的是癌症。你得到哥哥的許可後，為他占卜，並且通過了「這是我想做的事，我有能力問了嗎？我可以問了嗎？我準備好了嗎？」的調頻流程，接著來到關鍵問題：「我的哥哥是不是罹患了癌症？」

當然你希望靈擺的答案為「否」。也許，當你在等待答案的關鍵時刻，在潛意識裡告訴自己：「我希望答案為『否』，親愛的神，讓答案出現『否』吧。」

在這種情況下，我保證你得到的答案就會是「否」。占卜的答案是來自我們的潛意識，而潛意識如此渴望取悅我們，以至於給了我們想聽到的答案。

當問題牽涉到你熟悉且所愛的人時，任何形式的探測永遠都是困難的。我在算塔羅牌時，發現為完全不認識的陌生人解讀，總是比為朋友解讀來得容易。

這裡的重點是，你真正想要的是真相。當你問道：「我的哥哥是不是罹患了癌症？」我確信你想知道的是真相。所以你要如何區分「想得到某一特定答案的情緒需求」以及「真實的答案」呢？《聖經》給了我們一條線索：「你們若不回轉，變成小孩子的樣式，斷不能進天國。」在提出問題之後，你必須關閉左腦，拋開在那個時刻會造成困惑的一切想法與需求。因此，在提出問題後，試著採納一種孩童天真期待的態度，對自己說：「我不曉得答案會是什麼？我不曉得答案會是什麼？」不斷的這樣想，直到靈擺給予回應為止。如果你只想著不曉得答案會是什麼，就沒有時間對你的潛意識提供任何想要的特定答案。用自己對特定答案的主觀欲望來影響靈擺，是非常容易發生的。

顯然，你在擲硬幣的練習上，不會像哥哥是否罹患了癌症的問題一樣，涉入了同樣程度的情緒，但也許當你發現擲了四次硬幣結果都是正面時，左腦就會說：「該是出現反面的時候了。」

每擲一枚硬幣就有五成的機率是正面。一絲小小聲音都會引你走入歧途。這都是一樣的情況——你的期待正故意的影響結果。

如果你發現自己有這些想法，可以讓朋友來擲硬幣，而你在占卜時，對自己說：「我不曉得答案會是什麼？我不曉得答案會是什麼？」另外一個增加猜中硬幣正反面正確性的方法，是問自己：「這是真的嗎？」顯然你想知道這個問題的正確答案，而且我發現當我問這個問題時，很容易就把所有無關的外來想法從心中排除了，讓我保持專注。所以如果你最初的問題得到的回應為「是」，而「這是真的嗎？」的問題卻得到了「否」的回應，那麼針對你最初問題的正確答案即為「否」。這個方法可以給你的潛意識再一次對你說出真相的機會。

重述要點，當你想使用靈擺提出「是」或「否」的問題時，我建議你使用以下的占卜流程：

1. 在心中形成你的問題。想好問題，無論答案是從哪裡來的，你的問題都要從字面上來理解。當你準備好後，就拿起靈擺。
2. 這是我想做的事。
3. 我有能力問了嗎？
4. 我可以問了嗎？
5. 我準備好了嗎？
6. 陳述問題。
7. 我不曉得答案會是什麼？我不曉得答案會是什麼？
8. 答案。
9. 這是真的嗎？

10. 回到步驟6。（每次占卜的開始都是從步驟1至5，但不必每道問題都重複這些步驟。）

使用以上的流程，將提高你獲得有用的「精確」答案的機會。而這也是一位好占卜師要使用的操作步驟。占卜師會投入許多時間，確保在提出對的問題之前，先以一種清楚的方式來調頻與檢查結果。

前端的概念

另外一種使用靈擺的方法與「前端」有關。「前端」這個專有名詞，是指遵循靈擺離開你向外擺盪至最遠處所指出的方向。譬如，當你在樹林裡迷路了，而你最關心的是要找到你的車子。你請靈擺確認了探查位置，並提出問題。「我想知道我的汽車的位置。我有能力問了嗎？我可以問了嗎？我準備好了嗎？」現在再次回到探查位置。如果你的探查位置是屬於靜止型，靈擺將開始前後的擺動。觀察靈擺往你身體相反的方向所擺去的最遠位置。這個位置就稱為前端。

在靈擺擺動了大約十五至二十次的期間裡，前端也會帶你繞圈圈。如果你的探查位置是屬於前後擺動型，再次觀察前端，一開始往你身體相反方向擺去的靈擺尾端（前後擺動的「前部」）。除非你是直接面向你的車子，否則靈擺會前後擺動，前端開始朝著順時針或逆時針擺動。當前端的擺動到一個頂點後，靈擺只是前後的擺動，它指向的方位就是車子的所在。如果，在某些情況下，汽車在你後方，前端將持續轉動（九十度）直到它指向車子。（如果你的探查位置是靜止型，而且目標是在你後方，靈擺一開始將會搖擺不定，可是接著前端開始移往某個方向或另一個方向，直到指向目標為止。）

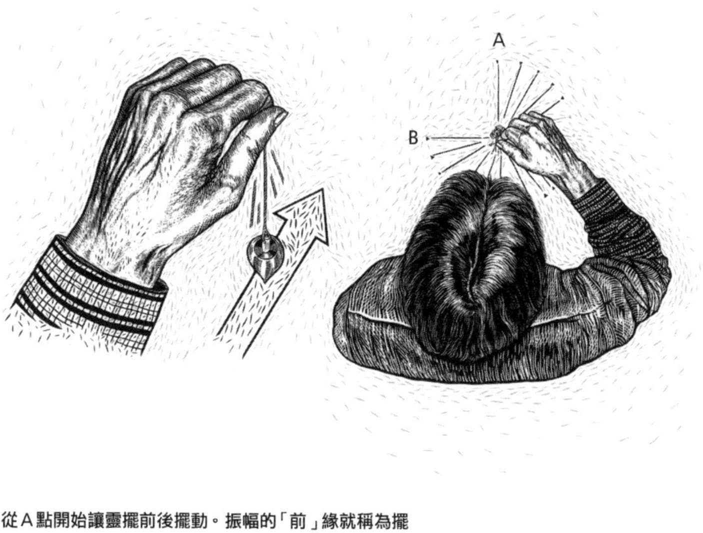

從Ａ點開始讓靈擺前後擺動。振幅的「前」緣就稱為擺動的前端。觀察靈擺前端往這個或那個方向擺動，直到橫向運動停止為止，而且前端似乎也堅持指向Ｂ點。

用這些問題來試試前端的概念，「距離我最近的電源插座在哪裡？我有能力問了嗎？我可以問了嗎？我準備好了嗎？距離我現在坐的位置最近的電源插座在哪裡？」觀察一下前端。當它停止並且「堅守住」一個方向時，插座就在那裡！

三角檢定法

占卜師會使用三角檢定法來確定物體的位置。使用前端，再加上三角檢定法，就能節省許多時間。

請一位朋友在房間裡把某個東西藏起來，例如：一支鉛筆。你問道：「鉛筆在哪裡？」（請注意，你在這裡不必再經過「我有能力問了嗎？我可以問了嗎？我準備好了嗎？」的調頻步驟，因為你為了這次占卜已經做過了這些步驟。我假設你是在插座練習之後，接著做這項練習。）跟隨前端，找出方向，從你自己出發沿著靈擺前端指示的方向，畫出一條假想線。你可以感知（直覺上的知道）它是在這條線上某處，但在哪裡呢？

現在走到房間的其他地方，遠離原來所在的位置，然後問同樣的問題：「現在，我的朋友所藏的鉛筆是在什麼方向？」把線畫出來，而這條線與第一條線的交會處，應該就會找到鉛筆。這個方法就稱為三角檢定法，而且當你從三個不同的方位來鎖定目標時，做為雙重檢查的方法會更加好用。三角（角度）檢定法節省我們相當多的時間，一些傑出的占卜師都會使用這個方法。

在一些時刻，你會想在一個不太熟悉的地方嘗試這項練習，譬如在朋友的家裡。家家戶戶都有掃帚和畚箕等打掃工具，但他們會放在哪裡呢？有些人是收在廚房的儲物間、有些人則

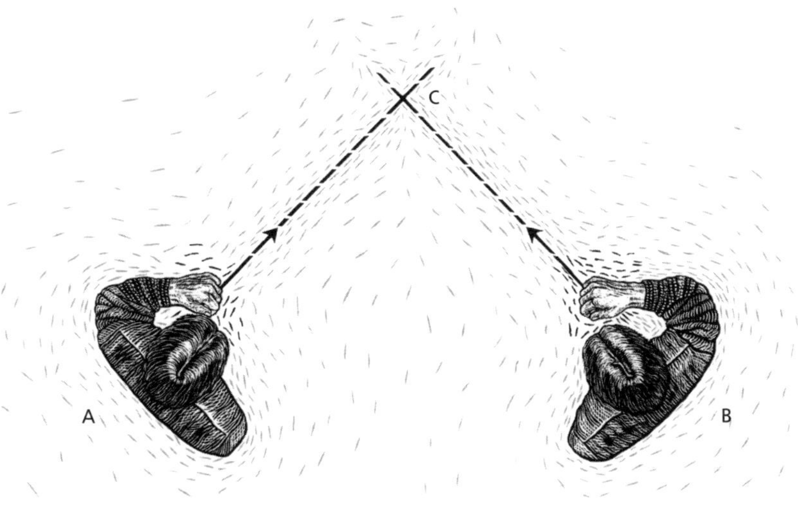

從A點，問目標物在哪裡。觀察前端，並沿著這個方向假想的畫出一條線。走到B點並重複同樣的流程。兩條假想線所交會之處的C點，就是要找的目標物所在。

是放在前門玄關旁邊的壁櫥內，你絕對無法確定它們在哪裡。試著挑一位對占卜沒有負面看法而且不會懷疑占卜的朋友。在初期的占卜實驗階段，懷疑論者的環境對你並沒有幫助——以後再與懷疑論者交手。一九三二年，德國物理學家暨哲學家沃納‧海森堡（Werner Heisenberg），因為他的研究有助於量子力學，而獲頒諾貝爾物理學獎。他的研究中有一個著名的「海森堡測不準原理」（Heisenberg Uncertainty Principle）：他證明觀察者本身也是過程的一部分，而且能影響實驗結果。他用「互動」一詞來描述觀察者和被觀察者間的關係。海森堡已經告訴我們，沒有所謂完全客觀的觀察者，能完全自外於被觀察者的情況。因此，在選擇朋友進行占卜實驗時，需特別留心。找一位對你的占卜邀約有同理心的朋友，而不是持懷疑態度的人，或者更糟的是一個反對靈知派思想的人。當你的朋友身為占卜的觀察者時，就是置身於包含你在內的占卜流程之一部分。問問你的靈擺要找哪位朋友。

進入朋友家的客廳後，花些時間向朋友解釋你的計畫。談談占卜以及你的進展。拿出靈擺，花些時間集中精神在你即將做的事情。記得，這並非派對遊戲，你要做的是發展占卜技巧。讓靈擺從探查位置開始。「我想尋找在這間屋子裡的掃帚和畚箕。我有能力問了嗎？我可以問了嗎？我準備好了嗎？」當這三個問題都得到「是」的回應後，接著問：「我想感知到這間屋子裡離我最近的掃帚和畚箕在哪裡。」（房子裡可能有一組以上的掃帚和畚箕。）

當靈擺開始前後擺動時，觀察前端位置。當它停下來後，問道：「這是真的嗎？」如果它說「是」，就繼續沿著三角檢定所畫出來的線，走到房子內的其他地方，再占卜一次。你可能必須進行三角檢定及沿著前端好幾次，以清楚目標物的真正位置，但當你最後真的找到它們時，你可能讓自己及朋友感到驚喜。

像這樣的練習進行得很順利時，確實會令人感到興奮，我也相信你的練習會往這個方向發展；可是如果進行得不順利的話，記得：我們還在起步階段。堅持下去，並繼續練習。

對占卜師而言，調頻過程是非常重要的。從「這是我想做的事」開始，一直到「這是真的嗎？」結束，這十個步驟會非常有幫助。靈擺能夠清楚顯示使用前端的概念得到的方向，你也必須學會這個技術，才能操作下一章將談到的圖表。

記得至少持續一個星期，每天都要練習幾次「探查位置」、「是」、「否」、「也許／錯誤的問題」。在你進入下一個章節之前，也要再做一次。

第二章

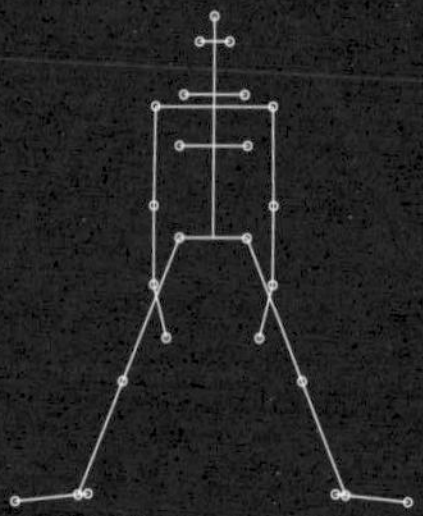

有趣的占卜圖

到目前為止，我相信你在「探查位置」、「是」、「否」、「也許／錯誤的問題」這四個基本的靈擺動作上，練習得很順利。讓自己定期練習這些動作真的很重要，一天兩次，至少持續一星期。屆時會發現，你的信心增加，技術也進步了，這將鼓舞你繼續占卜。

前端的概念是使用靈擺非常有效的新方法。除了找到某物所在的方向之外，在使用本書所附的占卜圖（或稱為扇形圖）時，前端的概念也是很關鍵的。之所以稱為扇形圖，是因為它們展開的形狀很像東方的紙折扇。

在這一章裡，我們將考察十九種圖。從簡單的「是、否、也許」占卜圖，以及一種直截了當的0至100占卜圖，到讓你找出已知儲油的世界地圖占卜練習，再到使用占星學為工具來幫助你占卜並詮釋人生問題與機會的十五種圖表（包括：十二張太陽星座圖、以及黃道十二宮輪盤圖、十二宮圖和行星圖）。最後一種天氣占卜圖，將與0至100占卜圖結合，提供一種預測天氣的特殊方法。

「是、否、也許」占卜圖

第一張圖，使用前端的方法已在前文的練習中示範過，我相信你自從閱讀本書以來，每天都有做兩次練習。請拿出本書附贈的第一張①占卜圖。

要用這張圖來占卜，首先請握住靈擺，讓它處於三個選項（是、否、也許）會合處的上方，就在這張圖底部的中間位置。這個點稱為「樞紐」（hinge）。當你準備好時，詢問任何能以「是」、「否」或「也許」來回答的問題。如果你已經建立一個靜止的探查位置，在提出問題後，靈擺將開始擺動，彷彿像是靠它自己動似的，大約朝向答案的方向。當靈擺積聚力量與動能之後，它將調往明確的答案位置，而且似乎就停在那裡。

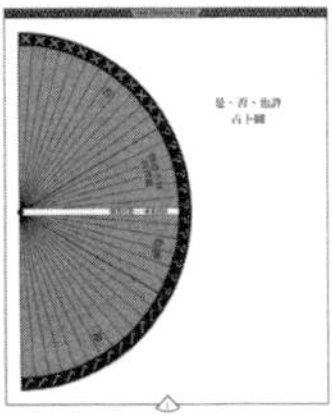

如果你的探查位置是屬於來回擺動型，就直接在扇形圖的樞紐上方，用拇指與食指握住靈擺，並讓靈擺在圖中央某處開始擺動。靈擺的前端，彷彿自己開始往這個方向或那個方向擺動。當前端不再往前，而靈擺的擺動停在某一個方向時，答案就出現了。

在靈擺占卜時，從你提問題到得出回應的這段期間，你應當對自己說：「我不曉得答案會是什麼？我不曉得答案會是什麼？」這樣一來，你希望答案是什麼的主觀欲望——譬如，靈擺似乎開始往左邊擺動——就不會滲進來影響靈擺方向。要影響靈擺是很容易的事。

然後問：「這是真的嗎？」——只是再檢查一次。

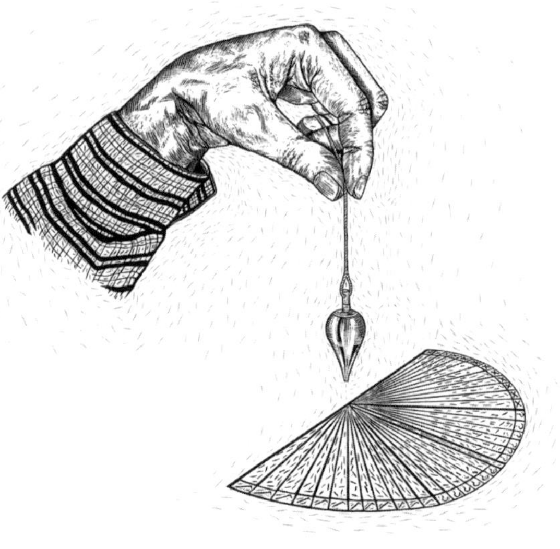

握住你的靈擺，置於「是、否、也許」占卜圖的樞紐中央正上方。問一個能夠以「是」、「否」或「也許」來回答的問題。

把靈擺放在樞紐的上方，也就是三個選項的會合處。試試以下問題：「這張圖會為我工作嗎？」記得所有這些步驟都要從「這是我想做的事」開始，並以「這是真的嗎？」結束。觀察前端。我相信所有初學者在這項練習上都會得到「是」的回答，但無論如何，為了累積經驗，都要嘗試這項練習。

現在你可以使用下一張圖，取代我先前要你做的「是、否、也許」的練習，或者兩種都用更好。這張圖也可以用在我先前提到的遊戲「二十個問題」（參見第三十頁）。「是／否」的技術在你使用占卜以決定某個特定答案時非常好用，或是當你應用其他占卜技術時，也可用它來做為最後的檢查。當我們繼續看下去時，你會發現這張圖還有許多其他用途。

0至100占卜圖

另外一張好用的扇形圖是0至100占卜圖。當你看著這張圖時，會注意到：數字是從右至左，從最右邊的0開始，以逆時針方向沿著圖增加數字，50是在扇形的頂端，接著沿著弧形的左邊增加數字，到最左邊是100。在這張圖裡，數字的開展是朝「錯誤的」方向。這樣的設計是故意的。德州人荷西‧希瓦（Jose Silva）發展出的「希瓦方法」（Silva Method），多年來，他一直在教導人們如何到達意識的各種層次。他的研究顯示，當眼睛看的方向是從左至右時，所使用的是左腦，或者說，比較傾向於一種分析模式。與此相反的，希瓦方法教你在意識層次上讓眼睛往另一個方向運轉，從右至左，主要在幫助你接近右腦，或者可以說是直覺模式。因此，0至100占卜圖的設計是當你需要使用人類的直覺面向時，能夠駕馭直覺力。你已經提出所有客觀、理性的問題，現在也需要把意識轉向直覺來接收答案。

0至100占卜圖可以有許多種不同的使用方式。例如：你能用它來占卜哪本書是值得一讀的好書。譬如，你找到一本關於希臘神話的書。拿出靈擺，提出所有預備的調頻問題後，接著可以問下列問題：「假定最糟的一本希臘神話書是0，最好的是100，那麼這本書是什麼數字？」如果它是高於80，或許值得一讀；如果高於92或93，千萬不要放下這本書；高於95的話，就立刻開始閱讀吧！

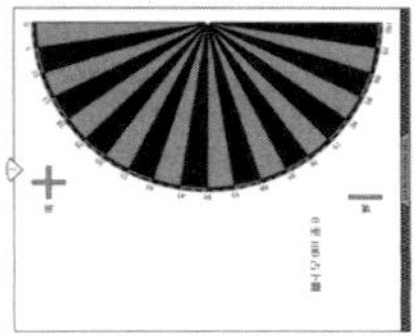

就用這本占卜書來試試。「假設對初學者來說，最佳的入門占卜書是100，而最糟的是0，席格的這本《無所不能的靈擺占卜》對我來說是介於哪裡？」（假定你試了以上這項練習，我猜占卜結果意味著這本書是值得你一讀的！呼！）

另一種使用0至100占卜圖的方法與人格有關。假設你給世界上最沒出息之人的評比是0，而你夢想的人格是100。開始用名人或朋友來建立自己的人格評比系統。結果會相當具有啟發性。

本書後面還有針對這個0至100刻度的其他用法。我們將用它來檢查氣溫。也將看看其他用0來表示最糟、而100表示最好的評比方式。或許，這會是全書中最有用的占卜圖。

世界地圖占卜圖

我相信現在你已經發現，不一定要在身體上接近某個物體才能占卜。我們已經做過許多不需要有任何有形目標物的占卜練習，而且也不一定需要「是／否」的問題與答案。在這類「是／否問題」中，有形的目標物在哪裡？再者，我們也在某位朋友家裡占卜過掃帚與畚箕的位置，而不需要與這些清潔用具在同一個房間裡。你不一定要靠近一個目標物才能占出它的位置。

一九八〇年代中期，當我住在英格蘭的格拉斯通伯里（Glastonbury）時，我的母親從佛蒙特州打電話來說，她的汙水處理系統需要維修。自從她的母親在一九四〇年代第一次安裝之後，一切都沒動過，所以現在她也不曉得汙水處理系統安裝在什麼位置。我腦海裡有張房子的平面圖，於是開始占卜，發現它是在房子後面的一個角落，離東方大約六公尺處。一個星期後，她打電話告訴我，我「完全準確」的命中目標。這是大部分稱職的占卜師都做得到的事。這就叫做「遠距占卜」（remote dowsing），或是「地圖占卜」（map dowsing）。讓我們用接下來的這張圖試一試。

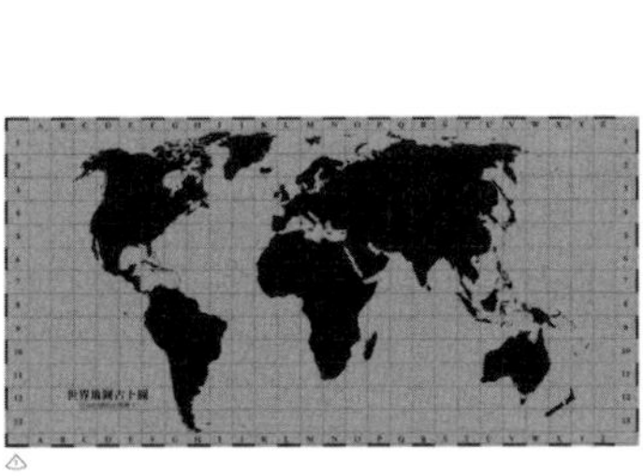

附件中有一張世界地圖，而你將用靈擺找出所有已知的石油儲量。這些油田的明確位置列在書末的第一七二頁。這裡的想法是讓你測試新手的占卜技巧，以及地圖占卜的技術。如你所見，這張世界地圖是切分成一種方格的模式，縱軸從1至13，橫軸從A至Z。

讓我們來試試之前使用過的三角檢定法（參見第五十頁）。把靈擺放在世界地圖的其中一個角落上方。在最初的調頻問題之後，問：「離這個角落最近的已知儲油點在哪裡？」請注意想像出的線是油槽所在之處。移到任何一個與想像線相鄰的角落處，問：「和我剛才占卜出相同存量的儲油點在哪裡？」拉出第二條線，並找到兩條線的交會處，注意該處的數字與字母。在你翻查第一七一頁的答案之前，請記得該頁列出了所有已知的儲油點。因此，在你要看那頁答案之前，對自己的眼睛說，你只想查看相符的那一格。如果你成功的做到了，將能夠使用這項練習不止一次。如果你不認為自己可以讓眼睛不飄移到其他已知儲油點的座標，或許可以請一位朋友幫你查看答案，就像玩「超級戰艦」

（Battleships）這款兒童遊戲時的做法一樣。

現在翻查本書的第一七一頁。你很快的就能知道自己是否找出了一個儲油點。你還沒找到嗎?如果你沒找到，就再用一次相同的問題與方法，但這次請試試一個不同的角落，並且在角落兩線交會處再次使用三角檢定法。當你再得出一個座標時，使用「是、否、也許」的問答方式，並且問:「這裡有地下儲油嗎?」如果你得到的回答為「是」，查對一下本書後面的答案。如果你得到了「否」，查一下你用過三角檢定法的座標隔壁的方形座標。

請在地圖上試試尋找其他已知的儲油點，這次的問題稍微不同。試試地圖下方邊緣處，然後進行三角檢定。請注意縱軸有數字1至13，而橫軸則是英文字母A至Z。請說:「我正在尋找一個我還沒有占卜過的已知儲油點。」在地圖上方握住靈擺，並使用「是、否、也許」的問答方式，在地圖左邊以縱向方式由上而下進行。「數字1這一列有儲油點嗎?數字2有嗎?數字3有嗎?」持續詢問直到得出「是」的回答為止。現在把持靈擺的手移到地圖底部的最左邊。「儲油點是不是在欄位A?是在欄位B?是在欄位C?」持續用同樣的方式進行，直到再次得到正面的回答為止。一個已知的儲油點應該就是位於你占卜過的列與欄的交會處。查閱第一七一頁的答案，看你是否答對。

請記得，這張地圖的尺規比例是這麼大，以至於不可能達到百分之百的精準定位。它沒有辦法讓你變成《朱門恩怨》(*Dallas*)影集裡的石油富豪小傑！你需要一張以特定區域為主而且尺規比例更小的地圖來做這項占卜。而這種地圖是可以取得的……

占星圖

要離開地下石油儲點以及書籍評量的物質世界，朝向自我的內在世界，這一系列占卜圖是運用占星來探索內在的你。目前最重要的事就是，就算你完全不認識占星學也能使用這些占卜圖！

你知道自己的星座嗎？使用以下清單，就能輕易找出你的出生日是落在哪個太陽星座。

太陽星座與生日

牡羊座 ♈ 春分（約3月21日）至4月20日
金牛座 ♉ 4月21日至5月21日
雙子座 ♊ 5月22日至夏至（約6月21日）
巨蟹座 ♋ 夏至至7月23日
獅子座 ♌ 7月24日至8月23日
處女座 ♍ 8月24日至秋分（約9月23日）
天秤座 ♎ 秋分至10月23日
天蠍座 ♏ 10月24日至11月22日
射手座 ♐ 11月23日至冬至（約12月21日）
摩羯座 ♑ 冬至至1月20日
水瓶座 ♒ 1月21日至2月19日
雙魚座 ♓ 2月20日至春分

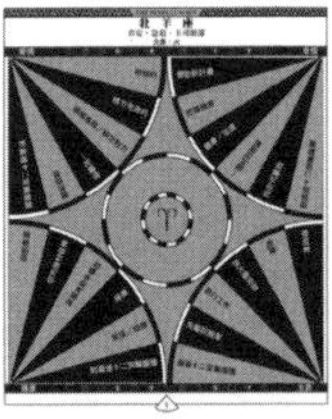

請參考附件圖卡4到15。

這些年來，晝夜平分點（Equinox）與至點（Solstice）每兩、三天就有變化，所以一年這四個時間的日期（春分、夏至、秋分和冬至）也跟著改變。

我請你用靈知派的立場來看這些占星圖，因此希望你一開始先抱持開放態度來看它們可能會對你說什麼，然後再做出自己的決定。並非每個人都適用占星學，但是，在結合靈擺占卜的情況下（亦即「運用你的直覺力」），占星學能提供你一種獨特的個人化方式來觀察自己。

因此，在這個基礎上，請把你對占星學可能已有的認識先放到一旁。如果過去占星學的相關知識曾經對你有相當的幫助，很好！但請試著重新開始。另一方面，如果你過去認為占星學是一種胡說八道，也請你把這個想法擺到一邊，我們就利用現在來試試占星圖的靈擺占卜。

附件中有十二張以太陽星座圖為主的占星圖。請找出你的太陽星座圖。

在每個太陽星座圖上，你會看到幾個字及片語是用來描述該星座的典型特徵、主司的身體部位，以及與該星座連結的四大元素（火、地、風、水）。

在每張太陽星座圖上，有四個人生領域，讓你能進行占卜，包括：愛情、幸福、健康，以及事業。

當你使用自己的太陽星座進行靈擺占卜時，我建議你從下列提供的幾個問題開始：

1. 我的愛情生活如何？
2. 什麼讓我感到幸福？
3. 我必須注意什麼樣的健康問題？
4. 對目前的我來說，好的事業（轉換）是什麼？

一開始先問四個例行的靈擺占卜問題：「這是我想做的事。我有能力問了嗎？我可以問了嗎？我準備好了嗎？」來到你的太陽星座圖。在圖的角落標有「事業」的地方，是屬於這個太陽星座的人非常擅長的五種工作。把靈擺移到圖右下方區塊的正上方，然後問：「對目前的我來說，好的事業（轉換）是什麼？」使用前端的概念來占出方向。你可能已經在從事所占出的工作類別。另一方面，你可能對占卜結果相當驚訝，因為它是你直覺上已經知道你想做的事，但在意識層面上卻從未想過的。

請注意圖上還有一條寫著「到黃道十二宮輪盤圖」。如果你占出的是這個結果，請取出附件的黃道十二宮輪盤圖（Zodiac Wheel Chart）。你將注意到，這個輪盤圖中包括了黃道十二宮。雖然許多和你屬於同一星座的人擅長於該星座圖所列的工作種類，但你會發現自己處在一個不同的領域。

把靈擺放在黃道十二宮輪盤圖上方正中央的位置。問你自己：「十二宮裡哪個星座的事業（轉換）最適合我？」如果你的探查位置是前後擺動型，就從圖表頂端劃分射手與摩羯兩星座的分界線開始。留意前端動向，直到它停止並集中在某個特定的星座。如果你的探查位置是靜止型，請把靈擺放在黃道十二宮輪盤圖正中央的上方，並觀察靈擺的振盪是朝向哪兩個對宮的星座。針對其中一個星座，然後使用「是、否、也許」的問答法，並問：「是這個星座嗎？」如果不是，用同樣的問題再問對宮的星座。如果你得出的回答為「是」，接著再問：「這是真的嗎？」

現在移到你占出的這個星座的「事業」扇形區，以這個星座的占星圖來進行占卜，並用它取代你原來的太陽星座圖。

當你提出下列的問題：「對目前的我來說，好的事業（轉換）是什麼？」得到回應之後，就問靈擺：「這是真的嗎？」（如果答案為「否」，就再從頭開始。）

如果答案為「是」，就繼續進行下一個類別。例如，占卜健康的扇形區，問道：「我必須注意什麼樣的健康問題？」你可能會得到回答，也可能被引導回到黃道十二宮輪盤圖。就以後者占卜。

在一個太陽星座圖內的每個類別透露了屬於該星座的人會有的特徵反應。某些特徵，例如健康領域，似乎不太令人愉快，但注意直覺面正在告訴你的訊息。你現在可能沒有發生那類疾病或困難，但你可能在那個領域有出現那些問題的傾向。請特別留意。

此外，在占卜圖裡放入一些欄位可能是因為幽默的價值。如果靈擺走向其中任何一個，必定有某種真理讓你默想一下。

如果發現自己因為靈擺提供的某個一答案而陷入困惑，你可以再進一步詢問，使用「是、否、也許」的問答法。有時候，最沒有道理的回答反而是要去理解的重點。雖然證實你已經知道的某件事或情況，感覺總是不錯，但我還是勸你把大部分注意力放在當下聽起來似乎沒道理的回答上。它們是很重要的訊息，而且在隨後的靈擺占卜時，你應該要把它們放在心上。（它們是值得長期深思的事情。）

太陽星座圖能幫助你發現處理特定處境的方法。以下的例子將說明這一點。

譬如說，你的感情生活出了問題。假設你的太陽星座是獅子座，而你的伴侶是水瓶座。試試以這兩張星座圖中的愛情區來占卜。對於獅子座的你，占卜的結果是「精悍的」。而伴侶占卜出「到黃道十二宮輪盤圖」，請取出附件裡的這張圖，圖上有黃道十二宮星座。手握靈擺，位於輪盤圖中心點的上方，並用第四十八頁教的方法觀察前端。決定你要去哪個星座（假設這個例子是摩羯座）。心裡想著你的伴侶，並以摩羯座星圖裡的愛情區來占卜。假設靈擺占卜結果是指向「拘謹的」。你的「精悍的」加上你的伴侶是「拘謹的」，或許你在關係中太過強勢而且有指使伴侶的傾向。退讓一點。給你與伴侶的關係保留一點空間。

十二宮圖

如果你想繼續進一步探索自己，或許會用到十二宮圖（見附件）。當你停下腳步，開始思考，我們生活就像是分為好幾個領域，譬如：我們對自己的各種感受，我們與家人、朋友及同儕的關係，我們的工作與社會組織等。

不同的占卜系統把我們的生活分為不同的部分或領域。這些占卜用的「餅形圖」代表我們的完整性，而切開的部分或領域則是整體性顯現的不同風景。塔羅牌把它分為七十八個部分，或說七十八張牌卡。《易經》則分為六十四個卦象；古代北歐人則分為二十一塊盧恩符文（rune）。道家的陰陽圖則是把整體區分為二。

在占星學裡，星座圖把我們的生活分為十二個領域。每個領域對應到某個特定的黃道十二星座之一（例如牡羊、金牛、雙子等）。黃道上的每個星座都自然對應到十二宮之一。有許多書籍都可以幫你了解行星運行與黃道原型的複雜

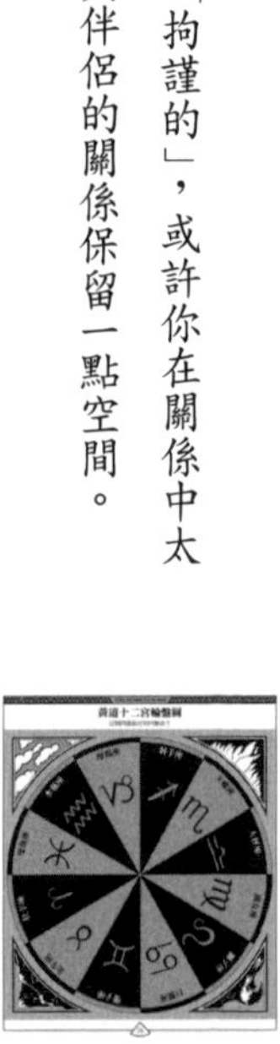

交互關係（參看第一六六頁的推薦書目）。十二宮圖的重點，是增加你對能量的覺察，以及使用這些能量的方法，而這些能量就藏在與人生各面向有關的黃道十二宮內。

十二宮在是人生中扮演的不同階段，包括生命中的個人、家庭、事業以及社交領域。第一宮談論的是我們的整體性，與「以你為主的意識」（you-awareness）、你是誰，以及你對這個世界如何呈現自己有關。第二宮的「舞台」是與你個人資源的生命層面有關；以此類推，在圓形星圖上以逆時針方向，經過早期教育、家庭、愛情生活、健康、工作到高等教育、抱負志向、地位、「我群意識」（we-awareness），最後到人生循環的終點，追求一個新自我的時刻來臨時。

有許多種使用方法都可以應用到這張圖（正如太陽星座圖也有其他不同的使用方法）。你可以拿太陽星座占卜中所出現的問題，來試試這張圖，用「是、否、也許」的問答法再加上十二宮圖，進一步探索問題。以下練習示範如何運用。假設某件事讓你感到憂心，你又不清楚感覺來自哪裡時，就可以拿來試一試。

這個太極圖描繪了宇宙介於收攝的「陰」與活動的「陽」之間的最終平衡狀態。它顯示出，我們不可能擁有完全都是陽性的能量，因為在其中心總是有陰性的能量。

找出十二宮圖。第一宮應該在你的左邊，面對時針約八至九點之間的位置。拿出靈擺，問道：「我想知道是什麼原因讓我感到憂心。我有能力問了嗎？我可以問了嗎？我準備好了嗎？」假設你得到的都是「是」的回答，請手持靈擺，放在圖正中央的上方位置。

「我的憂心主要來自何處？這片烏雲主要籠罩在生命的哪個部分（餅形圖的各切分）？」如果你的探查位置屬於靜止型，經過一段時間後，靈擺將會在圖中央上方的位置，在弧形中間開始前後擺動，而靈擺線的兩端將分別指向對角的兩宮。請針對其中一宮，然後問：「是這宮嗎？」如果得到「是」的回答，你感知就是這一宮，如果回答為「否」，那麼就是對角的宮位。記得確認：「這是真的嗎？」

如果你對於使用前端概念的方法有信心，或許將發現這個方法有助於快一點得到答案。你並不需要占卜第二道問題：「是這個宮位嗎？」以取得「是」或「否」的回答。（但確認答案總是好的。）

假設你發現自己的憂心主要與第九宮有關（人生哲學；旅行／靈修之旅；

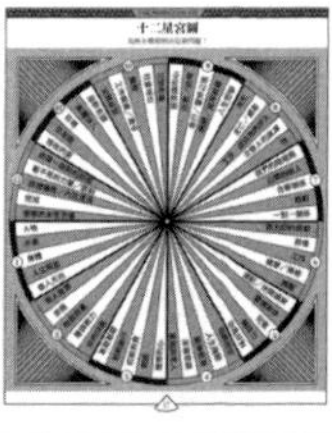

後期／高等教育；宗教／信仰；超意識的心）。「我的憂心主要是來自第九宮，又是第九宮的哪一方面呢？」（此時，從靈知派的角度來看，我覺得有必要說明：如果你剛好對占星學有所涉獵，而且也使用不同的字來提醒自己第九宮對你的意義，那麼請一定要使用它們。但以下為了方便討論，讓我們假設目前所使用的這些字是恰當的。）

使用你自己對第九宮的關鍵字，或者拿著靈擺，使用「是、否、也許」占卜圖，問道：「我的憂心主要是在我的人生哲學嗎？」不是，那麼是：「是不是我人生中後來的高等教育呢？」是。「是不是還跟第九宮內的其他領域有關呢？」不是。「這是真的嗎？」是。

所以你感知對高等教育方面有某些憂心。你是不是正在考慮要取得學位或某種進修教育？

你覺得這個訊息與你無關？請手持靈擺，放在你的太陽星座圖中央位置的上方。把靈擺置於探查位置，並觀察它指向愛情、幸福、健康、事業等其中一個領域。這個方式會提供某些訊息，讓你知道那個領域的哪一種進修教育可能讓你受益。例如，在幸福領域裡，它可能意味著你所從事的攀岩休閒活動越來越危險，現在是修習進階攀岩的好時機；或者它在事業領域裡，就是你回到學校並更新工作技能的時機點到了。如果這個訊息落在愛情領域裡，也能給予啟發。也許你需要練習，或者是學習某些進階技術，例如譚崔（Tantra）。永遠都有改善的空間。同理，在健康的領域裡，可能意指你必須照顧神經狀態。

你可以使用「是、否、也許」的問答法詢問進階的問題，以澄清處境。記得最後要問：「這是真的嗎？」

或許你相當清楚自己所感受的憂心是怎麼一回事，可是回顧一下最初的問題：「我的憂心主要來自何處？這片烏雲主要籠罩在我生命的哪個部分？」運用我前述的同一技巧，或許有其他的領域或宮位可能會提供你進一步的資訊。

行星圖

還有另外一種可以自我檢視的方法，就是同時使用靈擺占卜和占星學。它與我們面對生命的不同方式有關。我們所扮演的各種角色是由占星學家運用的十一個已知行星為代表。前面七個行星中，五個是可見的行星：水星、金星、火星、木星、土星。其餘兩個被占星學家稱為「發光體」(luminaries)，即太陽和月亮。這七個內部行星代表我們扮演的角色，以可見的方式來顯現重要面向：我們的本質、情感與思想、愛情生活、有自信的自我、如何擴展自己的能量，以及如何接觸它們。

在土星之後，還有肉眼看不見的行星。就像音譜有七個音調，代表五個可見行星加上兩個發光體（太陽與月亮），在某方面四個外行星是做為前七個行星的高諧音在運轉；一個高八度音。（某些占星學家覺得我們的太陽系中還有三個尚未被發現的行星）。

外行星代表了我們運作上比較無法立即可見的方式。第一個「看不見的」行星，在一九七〇年代被發現，其軌道帶它進入土星而且幾乎到達天王星的軌道，而天王星是第二個外行星。無論天文學家同意與否，有越來越多的占星學家視凱龍星（Chiron）為一個星體，就如太陽與月亮一樣。除了在一七八一年被發現的天王星，另兩個晚近被發現的行星，分別是一八四六年發現的海王星以

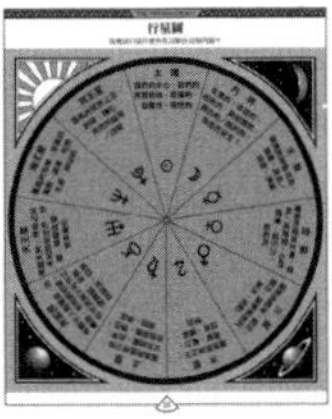

及一九三〇年發現的冥王星。這四個外行星是關於較不具體的事情，譬如，帶給我們解決之道或是脫離過去；新意識的來臨或興起；轉換意識狀態；轉型與更新。

在行星圖上，你將發現改變能從中產生的各式各樣描述，也許是透過反省、透過思考、透過愛或透過行動。這張圖回答的問題種類類似：「我要如何能夠善待父親？」、「那個改變會像什麼？」、「我應該扮演什麼角色，才能用有益於所有相關人士的方式來處理問題？」

由於沒有人在任何一段時間經歷一個行星的完全力量，通常最好的方式就是用這張圖進行兩、三次占卜，不只是找出你所扮演的主要角色，而且也要了解是不是可能有其他的輔助角色。

或許在這裡舉例說明會有所幫助。譬如你與父親之間有點問題，為了想多了解情況，你用行星圖來占卜，而你得出的結果是水星；水星代表心智、振盪、訊息、傳信者，以及溝通。訊息在心裡來回擺動是與溝通有關。或許這正是你與父親之間的問題——你和他的溝通情況並不好。

所以你再做一次行星圖的占卜，要看看你與父親的溝通問題中是否還有其他的影響因素，而你占出土星。土星與侷限、約束，以及規則有關。你是否覺得自己在父子關係中所扮演的角色受到約束呢？或許你一直讓父親觸動你的潛意識，從孩提時期對於父子關係的感受，到今天還影響著你，尤其是在你和他的溝通上。這時你可以使用「是、否、也許」的問答法來查證一下。或許你要留意一些過去的憤怒和恐懼，不要讓它們觸動心底的按鈕，一而再、再而三的重複播放那些「帶子」。

想一想目前生命中有待解決的一些問題。行星圖是讓你探索自己能夠扮演什麼角色因而產生改變的方式。天上的行星代表各種你能用來產生解決之道的能量。清楚的說出你的問題。誠實的尋求解決之道。手握靈擺，放在行星圖樞紐的位置，提出類似下列的問題：「我必須做什麼事情才能找到這個問題的解決之道？我可以善用什麼樣的能量？」看看靈擺要說些什麼。

十二宮裡的行星，代表我們在人生不同階段所扮演的各種原型角色。這些宮位談的是人生階段將要如何開展，以及將往何處發展。黃道上的十二星座談的是主題，說明事情為什麼可能發生。如果你選擇以這個方式，透過來回使用這幾張不同的占星圖，就能發現許多關於自己與他人的事情。

譬如你和朋友正在解決一個問題。你能做什麼去找到解決方法？你最好能扮演什麼角色？說出問題，然後手握靈擺，放在行星圖樞紐的位置，並問：「哪一個行星最能針對這個問題？」當你得到一個答案後，接著用十二宮圖，並問：「這個階段是我生命的哪個部分？會發生在哪一個宮位？」接下來，使用黃道十二宮輪盤圖，手握靈擺，放在樞紐位置，並問：「我將如何知道這個解決方法？我將看到什麼星座？」你的靈擺前端將鎖定十二星座的其中一個。然後，使用代表愛情、幸福、健康以及事業四個扇形的十二張太陽星座圖的其中一張。找到該星座圖，上面有星座的名稱、黃道星座的符號、描述星座的幾個詞句。這些詞句就是「如何」處理這個問題的線索。你也可以使用該星座四個扇形區的任何一區來進行占卜，確定你在尋找的內容。

當你面臨不確定的任何時候，都可以使用這些圖來進行快速占卜。當你說出一個問題或機會時，行星圖會回答這個問題是「什麼」；十二宮圖回答這個問題「在哪裡」；而黃道十二宮輪轉圖則會回答「如何」處理這個問題。（有四個扇形區的太陽星座圖甚至讓你能更具體的知道「如何」處理這個問題。）

天氣占卜

我把占卜天氣的議題放到最後，是因為就某些角度來看，對於某些占卜師來說，占卜未來與趨勢是最困難的。最近，我和同事伊蓮娜・歐特博士一直在研究天氣占卜的問題。我們有興趣探討兩個特定的問題：

1. 明天早晨當我第一次查看室外溫度計的時候，氣溫將是幾度？
2. 明天早晨當我第一次抬頭望向天空時，我將看到什麼？

0至100占卜圖能夠立即用來決定氣溫。在調頻之後，把靈擺放到0至100占卜圖的樞紐位置，然後問第一個問題。跟著前端位置，直到它停留在一個特定的訊息。它會告訴你最接近的溫度。

如果你住在氣候是零下溫度的地區（華氏或攝氏沒有什麼差異），將必須要分辨溫度是零度以上或以下。如果你住在熱帶地區，正負可能是個無關的問題，而我住在佛蒙特，這裡的溫度變化從夏季38℃以上至冬季深夜的-42℃。

有趣的是，當伊蓮娜和我探討這些問題時，時間是在十一月、十二月，以及一月，也就是一年當中戶外華氏溫度計會在零度上下舞動的時節。實際上，早晨溫度可以從-9℃下降至-28℃，然後再回溫至4℃左右，就在一週之內！這裡的問題是，個人對於天氣將會如何的知覺。「昨晚是-28℃以下，應該又是一個寒冷的夜晚。」然後隔天早晨氣溫是4℃，溫差變化有三十二度之多！如果你住的地區氣溫變化相對較小，你的工作就容易許多！

請注意0至100占卜圖上面各有一個「＋」的符號（＋＝是）與「－」的符號（－＝否）。如果你居住的地區處於一年當中有特定一段時期溫度是在零度上下

擺動的氣候型態，也可以使用這張圖來查對。

你可以使用「是、否、也許」占卜圖（是＝＋，否＝－）、「是、否、也許」問答法，或拿著靈擺放在0至100占卜圖中的「＋」上方，然後問：「明天早上我室外的溫度計指針會在零度以上嗎？」

如果回答為「否」，就把靈擺移到同一張圖的「－」上方，並問：「明天早上是零度以下嗎？」如果答案為「是」，你知道已經雙重檢查了，占卜結果就是零度以下。最後再問：「這是真的嗎？」

然後你可以把靈擺放到0至100占卜圖的中央上方，並問：「明天早晨當我第一次查看室外溫度計的時候，氣溫將會是幾度？」觀察前端，它將停在一個特定數字上。最後再問：「這是真的嗎？」

「明天早晨當我第一次抬頭望天空時，我將看到什麼？」針對這個問題，伊蓮娜和我已經發展出一個有七個可能答案的圖，答案可能是：下雪、雨天、起霧、陰天、多雲時晴、晴時多雲、晴天。

把靈擺放在明天早晨天氣圖的樞紐位置，並且問以下問題：「明天早晨當我第一次抬頭望向天空時，將看到什麼？」接著跟隨前端來到答案處。

氣溫與天氣占卜的最佳時間點是在前一天晚上就寢之前。在筆記本上持續記錄你的占卜結果，以及隔天早晨的氣溫與天氣狀況。如果你剛好沒有戶外溫度計，而是使用收音機天氣報導來進行早晨氣溫占卜，就需調整你的問句內容。

一點小提醒：這種天氣占卜法很可能讓你產生相當大的挫敗感。如果你的占卜不順利，花一點時間分析一下占卜程序。你是否抄了捷徑？有沒有問對問題？就算你無法變成天氣占卜的高手，也會對自己占卜技巧的進步程度有相當的了解。

當伊蓮娜和我剛開始鑽研天氣占卜時，我們使用占星學家所稱的「容許度」(orb)，以求增加成功率。例如：假設在五度以內的任何溫度數字已經夠接近了，所以算是占卜成功。也許三度的容許度會更好。但既然你的想法是命中最正確的溫度，為什麼還要使用容許度呢？由你自己決定。

本章介紹的幾種占卜圖，都有許多不同的使用方式。如果你能夠使用世界地圖來占出地底油脈，那麼無論什麼事物都可以用任何地圖或照片來進行占卜。只有你自己的想像力會侷限占星圖的使用範圍。你可能發現天氣占卜圖是一個有趣的實驗，或是一個挫敗的學習經驗。

最後要注意的一點就是：占卜和占星學特別把我帶向水星。許多占星學家在描述水星這個神的信使時，使用了「振盪」（oscillation）這個關鍵字，或是如同友人佩登・簡慶斯（Palden Jenkins）所說的：「太多的來來回回。」

這正好是靈擺的特性。靈擺振盪。像水星一樣，它來來回回的擺動。靈擺是個傳訊者，是水星的一個工具，它能夠帶我們從理性走向直覺，從已知走向直覺上的知道（或者說感知）。在你的日常作息中，找出有意義的方式來使用做為傳訊者的靈擺，如此一來，你就有了終生的友伴。

第四章

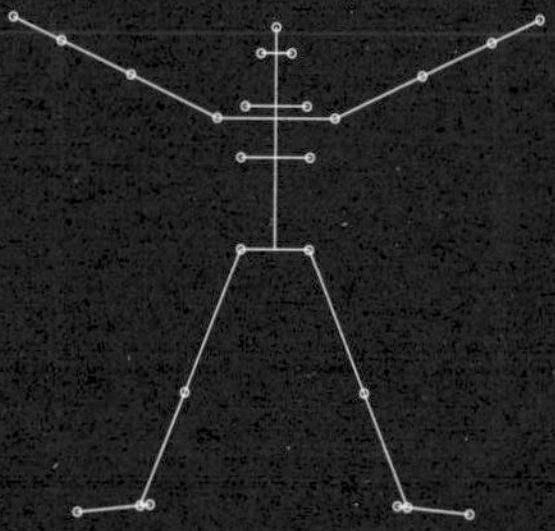

占卜的應用

有許多占卜師在一開始做靈擺占卜時就很成功，但在一段時間之後，卻越來越少使用占卜，然後就完全停止。這裡的祕訣是剛好相反，看看能否找到越來越多讓你使用占卜的方式。練習用屬於你的直覺！有各種方式可以讓你成功的在家裡進行占卜。例如：當你遺失東西時，靈擺就能派上用場。靈擺占卜並不是總是順利，因為你必須謹慎的問了對的問題，但結果有時會讓你大吃一驚。你可能還記得我在草坪上使用靈擺幫我的妻子找回訂婚戒指的經驗。

我們將從發展一套靈擺記號開始；這些靈擺記號指出，你何時正在接近目標物、何時正在目標物的上方，以及一些實作練習。我們將探索人們使用靈擺尋找的一些東西，並且提供關於地圖占卜的一些訣竅。接下來，我們將考察占卜與營養的潛力，以及找出你對哪些食物過敏。直接處理情緒的花精療法，對你來說可能是一種新方法，但用花精占卜將開啟新的可能性。你可能發現花精占卜與第三章介紹過的十二宮圖搭配得很好。

當你遺失某件東西，而假設你確定它就在房子裡，你該怎麼處理？拿出靈擺，當然了！使用前端技術，讓靈擺告訴你失物的方向，並且在你朝向該方向前進時，顯示你何時正在接近目標物，以及你是不是就在目標物上方，甚至讓你知道是否已經越過了失物。許多占卜師發現，尋求方向與位置是一個相當有用的技巧，可以不斷進步，直到完善。這裡有一個讓你實作的練習。

把一枚銅板放在你前面的桌上。花一點時間調頻。運用前端技術，請靈擺為你呈現這枚銅板的方向。（我知道你看得見銅板，但為了練習的目的，請假裝看不見它。）

無論你使用的探查位置是什麼，請從它開始，讓手沿著前端與靈擺擺動幅度向你顯示的假想線而移動。當你接近銅板這個目標物時，靈擺將開始擺盪出一個橢圓形。當你的手往目標物前進時，大拇指與食指會沿著橢圓形的主軸線而移動。當你再更近一點時，橢圓形將變得越來越圓，直到靈擺直接處於目標物上方時，剛好擺動成一個完美的圓形。當你的手超過銅板的位置，靈擺的路徑將再次變成橢圓形，而且當你離目標物越遠，橢圓的形狀就會越扁，直到靈擺擺動幅度變成前後或靜止型的探查位置為止。

現在用一本書來當目標物，把它放在房間另一端的地板上。就像前面你做過的以銅板為目標物的練習一樣，但這次請站起來。你將遇到的主要差別在於，當靈擺擺動首次形成橢圓形狀時，離目標物的距離將比較遠。在桌面上進行時的距離是以公分來衡量；當你使用整個身體時，距離會變成一公尺到一公尺半。請

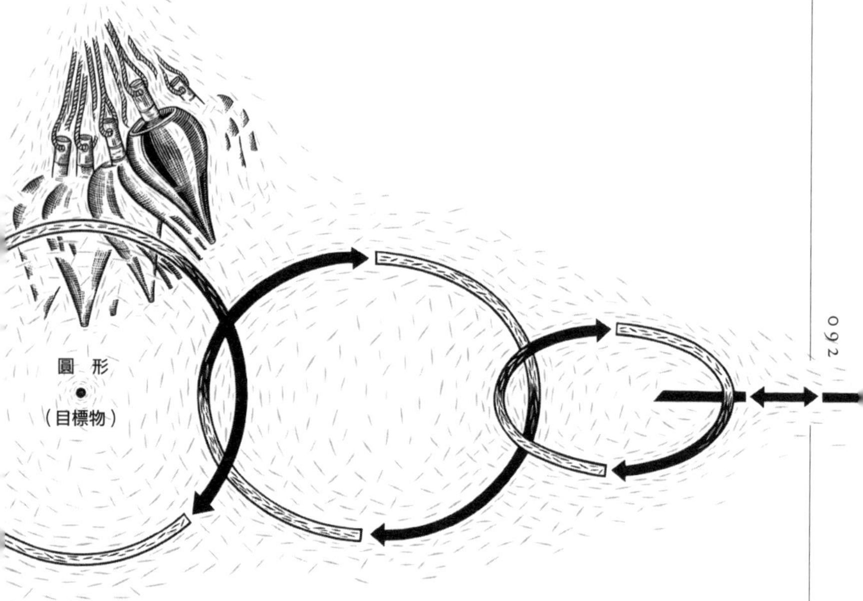

現在進行這項練習。你可能覺得站著做有點奇怪，但當靈擺振動時，請不要遲疑，否則會發現自己完全來不及反應。請務必留意你的一舉一動，缺乏相當的專注力就會勉強做出反應。

請注意，到目前為止，我並沒有說，靈擺是朝順時針或逆時針方向轉動。就以上這項練習來說，轉動的方向並沒有差別。它既可以順時針擺動也可以逆時針擺動，而且兩者同樣有效。

現在你已具備尋找的技巧，可以找到你所能想到的任何東西。我認識的一位木工就是使用鉛錘靈擺來占卜在房子內牆的立柱。也許你現在可以找找遺失的戒指或珠寶首飾。當某件

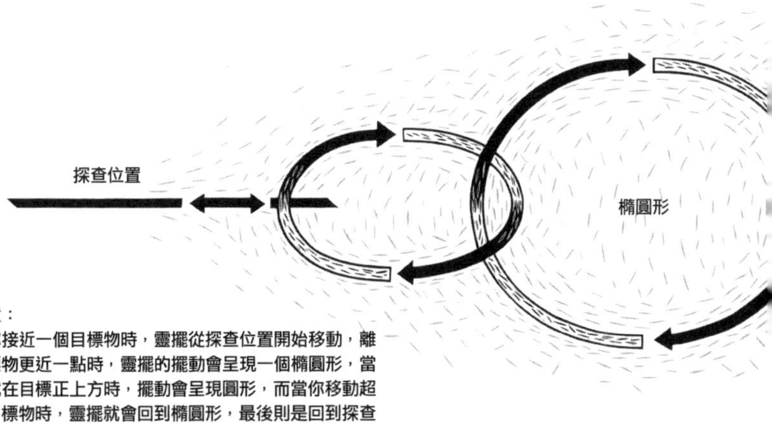

注意：
當你接近一個目標物時，靈擺從探查位置開始移動，離目標物更近一點時，靈擺的擺動會呈現一個橢圓形，當你就在目標正上方時，擺動會呈現圓形，而當你移動超出目標物時，靈擺就會回到橢圓形，最後則是回到探查位置。你的靈擺可能呈現順時鐘或逆時鐘方向擺動。

東西壞掉了或完全停擺，而你卻找不出原因，此時就可以使用靈擺來找出是哪個部分出了差錯。我聽說一位加拿大的占卜師利用占卜找出汽車引擎中的具體毛病。也有人使用靈擺占卜找出一台電腦主機壞掉的部分。

請記得把你的探查技巧和地圖占卜結合。如果你已經有一張圖可以把大部分區域都納進來的話，你就可以節省不少時間。你所需要的只是一張占卜地方的圖，它可以是一張地形圖、一張攝影照片、或是你對正在探查的地方隨手畫出來的簡單方位圖。使用三角檢定法或世界地圖占卜法（參見第六十四頁）所學來的欄列占卜技術。

房屋地圖的占卜也是非常有效的方法。如果你在家中遺失一件物品，就畫一張房子的平面圖，彷彿是從屋頂往下透視屋內般。在調頻問題之後，問靈擺：「我在尋找的東西是不是在屋子裡？」如果答案為「是」的話，就像使用世界地圖的占卜方式，用你畫的房屋平面圖來進行占卜。接著再走到房子的那一區，並且使用三角檢定法找出失物。

前一陣子，我到加拿大魁北克的聖安妮大教堂（Basilica of Saint Anne de

Beaupre），它是北美地區最多人參訪的聖泉與療癒聖地。身為研究地球能量（地球的生命系統）的學生，我感知（直覺上的知道）像聖安妮大教堂這種真正的聖地通常都是力量中心。我在心裡研究了一下十字架形狀的平面圖，這經常被使用在天主教大教堂的建築上。一般而言，主要的地球能量中心是在最高祭壇的下方，就在距離唱詩班席位較遠的那一端，但在這個例子裡，我的內在之眼受到教堂左邊長廊的吸引。（以信徒的說法，一個大教堂內的長廊在建築上是基督十字架的手臂。）

幾個小時之後，當我進入聖安妮大教堂時，先往下走到中殿，朝向最高祭壇處，然後再到長廊。我往左邊看過去，長廊盡頭是許多尋求治療的人士的朝聖目標。那裡據說除了有聖安妮的一節腕關節骨頭之外，還有一根大圓柱，這是祈求者跪下來禱告的地方。握住那根圓柱就是聖安妮療癒力量的無聲證據；被療癒的朝聖者不再需要眼鏡、手杖、丁字形拐杖、腿部支架以及其他設備。的確，這個大教堂的主要力量中心就是在長廊左端（西北方）。我的地圖占卜／直覺是對的。

占卜食物與過敏原

如果你正在進行各種飲食方法的話，靈擺會相當有幫助。今天許多人都奉行許多飲食方法，包括養生飲食、益生菌（酵母菌）、無糖、無鹽、低膽固醇、低卡、有機食物等等。「這個食物適合我吃嗎？」這是一個可以詢問靈擺的典型問題。

身為一位占卜師，當你在發展占卜技巧時，會經歷各種「通過儀式」（rites of passage）。對許多人而言，第一次占卜工具「自己動了」（至少感覺上真的好像如此）的驚喜瞬間，便是一種通過儀式。另一個通過儀式是發生在你第一次要在大眾面前占卜時。

當我第一次與新英格蘭古物研究學會（New England Antiquities Research Association, NEARA）進行田野旅行，這是一個對美國東北部地區神祕的史前考古遺址有興趣的團體。我不覺得自己可以在拜訪遺址考察、地球能量時，公然的拿出占卜工具。畢竟多數的學會成員都具有考古學的背景，我擔心占卜可能令他們生厭。我記得自己藏身在一塊岩石後面，這樣才能問靈擺有關該地區地球能量的問題。結果，許多人走到我身邊，問我在做什麼。我聽到內在聲音說：「去做吧！」於是掏出「能量探測儀」（aura meter，一種昂貴的占卜工具，在顯示能量場的形狀上非常有用），並且開始占卜。天並沒有塌下來。他們的反應相當有趣！之後我就完全不覺得困擾了。我甚至也在哥德大教堂裡做過一些嚴謹的占卜。

我的一位朋友，主持美國占卜師學會年會多年的貝孜・歐布萊特（Betts Albright），就大方的帶著靈擺到超市檢查水果和蔬菜的新鮮度。

公開，是多數占卜師在生涯中會經歷的一個階段。而且這常是因為需要某種特殊飲食方式的時候。患有低血糖症的一位朋友告訴我，她就讀大學時，她的雙親付給學校餐廳額外的費用，為她準備無糖飲食。顯然廚房人員覺得這個要求很荒謬，於是給她和其他人一樣的含糖飲食。一個學期下來，她的新陳代謝嚴重失衡，以至於她以為自己精神崩潰了。

如果她能夠預先占卜食物，就會感知（直覺上的知道）那個食物不適合她。雖然，她休了學，但當她負責為自己準備食物之後，所有的低血糖症狀都消失了。

0至100占卜圖在這方面也很有用。「如果對我來說，最好的食物是100，而最糟的垃圾食物是0，這些薯條會得幾分呢？」（然而，也許你真的不需要靈擺就能知道這個問題的答案！）

靈擺占卜也有助於處理過敏，不只是幫你找出過敏原，而且查明這些過敏原是不是就在你即將要吃的食物裡面。如果你正出現某種過敏反應，而且找不出引起的原因，就問問靈擺。「是不是我正在吃的東西呢？是不是在我呼吸的空氣裡呢？當我到戶外時，是不是接觸到一種過敏物質呢？引起我過敏反應的是不是只有一種東西呢？」透過「是或否」的占卜問法，你很快就可以縮小範圍。0至100占卜圖則能夠很快的找出有多少既有物質會影響你。

我有一位英格蘭朋友名叫弗蕾蒂・費德列斯（Freddie Fredericks），有一長串會引起過敏反應的食物清單，含括各種特定的民生產品，從肉類、蔬菜到進口水果都有。當她為人占卜時，會用靈擺在探查位置上把清單項目走一遍。當她接近某項可能引起對方過敏反應的食物時，靈擺會讓她知道快接近目標了，而且當靈擺來到該項目的上方時，會告訴她：「就是這一項。」你已經學會這麼做的占卜系統了——當你接近一項可能過敏的食物（目標物）時，靈擺的擺盪會形成一個橢圓形，而當你的手在問題食物的正上方時，靈擺振幅則會形成一個圓圈。

弗蕾蒂還有一份關於各種食品化學添加物的清單。占卜能夠指出你要避免的食品添加物。從正面來看，弗蕾蒂有一份有益食物的附錄清單，包括對健康有益的必需維他命與礦物質。讓直覺成為你的引導，並結合理性思維。例如，你知道某些維生素，像維生素A與維生素D並不適合大量服用。

你可以列一份食物清單，自行占卜，或是製作扇形圖，不同區塊列為不同的食物種類。你要問什麼問題，由你自己決定。只是要確定你心中有一個明確的問題。

請不要受限於這本書所提供的占卜圖。凡是你想得到的各種與選擇有關的事物，都可以製作占卜圖。甚至還可以占卜你接下來的假期要去哪裡呢！

花精療法

儘管靈擺有助於物質層次的飲食占卜，或幫助你找出過敏物質，但在處理情緒層次時，其價值也是無可估量的。處理比較無法理解的情緒，譬如憤怒、恐懼或悲傷時，其中一個方法就是花精療法。某些花朵的精華，已經被發現對處理情緒問題有相當大的助益。

讓我用一個例子來說明。譬如你想記錄自己做的夢，卻有記憶夢境方面的困難，那麼，「勿忘我」（Forget Me Not）這種花在這方面相當有效，有時候在花園裡就可以找到一大叢。它看起來就像雜草一樣，有一朵朵淺藍色的小花。如果中午時分採花，然後把它放在一個盛滿清水的水晶杯裡，靜置在太陽下幾個小時，花朵的精華就會透過陽光而被吸收。

接著將吸收了花朵精華的清水，以一比一的比例，加入白蘭地或干邑白蘭地，可以防腐。花精的服用劑量通常是在一杯水裡滴入幾滴就可以飲用了。另一種方式，你可以使用小滴管，吸出幾滴，然後睡前滴在舌下（你可以占卜要服用幾滴），心裡想著不要忘記你的夢。

儘管自製花精一向是最好的方式，但市面上已經有幾個商業品牌，有英國、加拿大和美國的品牌，本書第一六九頁列出了著名的品牌以及如何取得進一步資訊。當然，如果你罹患了嚴重的疾病，應該要先徵詢受過訓練的醫護人員或醫師的建議，才可以服用這些花精。

英國的巴哈花精提供含括療癒一切情緒種類的花精，從恐懼到不確定，從對於眼前一切缺乏興趣、孤獨、過度敏感，再到意志消沉與絕望的感受，以及過度關心他人福祉等。這些花精處方共有三十九種，包括一種以五種花精調配的特別處方「急救複合花精」（Rescue Remedy），有助於各種（身體或情緒的）打擊、驚嚇、時差、或任何嚴重的煩擾。巴哈花精的人員出版了一張占卜圖叫做「巴哈花精：自然療法」（The Bach Flower Remedies: Natural Healing），這是一張很棒的花精療法占卜圖，你可以向第一六九頁所列的各家分店索取（編按：台灣讀者請洽「英國Bach情緒花精」網站）。然而，你可以利用以下這項練習，自己做一張花精療法占卜圖，不一定需要這張商業用的占卜圖。

假設你剛好有某些花精，而且用過第三章介紹過的占星圖來占卜。你可能已經意識到，在用這些占星圖占卜時，有某些未解決的情緒都浮現出來了。請試著用一或兩個關鍵字來綜合描述這些感受。

現在寫下你手邊所有花精的名字，或是使用廠商提供的花精清單，並且用靈擺來占卜。在調頻之後，說：「當我握著靈擺的手正移到目前對我最有幫助的花精名字的正上方時，請顯示『是』。」

當你接收到正面回應後，問道：「這是最好的花精嗎？」如果答案為「是」，讀一下該花精的治療功效。如果你很容易就感覺占卜結果是相關的，那很棒。如果你感覺不到，那就更好了！在我的經驗裡，有許多時候直覺能夠告訴你意識層面上甚至還察覺不到的感受。專注在這個你感覺不相關的占卜結果。有時候它們傳達了非常重要的訊息。當你發現某一種花精療法的用途讓你有強烈的負面反應時，這點尤其為真。（永遠都要記得問：「這是真的嗎？」）

現在使用0至100占卜圖找出你需要服用這個花精幾天。如果靈擺走到0，代表服用時間不需要一整天。無論何時你想到它（例如：直覺提醒你時），服用

一、兩滴（占卜要服幾滴），想著這個花精的特質。

你可能想試試整體主義的方法，用直覺選出一半的花精，用理性選出另一半，一起混合。想著你透過占星圖占卜花精所得出的這個未解決的情緒，並且瀏覽一遍花精清單。找出你認為最能處理以及調和你情緒的花精。這種理性的選擇花精方式，往往能補足並強化透過靈擺由直覺所選出的花精。你應當發現，占星圖與花精療法能夠一起運作，成為個人轉化的最有力工具。

勿忘我花精在記憶一個人的名字、一場重要約會、以及前述記憶夢境等方面非常有用。越來越多人開始記錄他們的夢境，以自己進行或與他人合作的方式，嘗試理解夢境所代表的意義。由於夢的詮釋最終是做夢者的責任，在詮釋夢境時並沒有所謂的正確方式。

無論你如何使用靈擺，占卜可以用直覺的詮釋來幫助你。如果你正在考慮一個理論，即夢中的某一個物體或象徵是代表另外一種東西，就用靈擺占卜一下。你一直在研究其中一個夢境裡的某個特定角色；你對這個角色的考察夠不夠仔細呢？問一下靈擺。每一步詮釋都必須做決定，而占卜可以強化這些決定的直覺過程。

水源占卜

雖然今天許多對各種神祕占卜有興趣的占卜師，包括我自己在內，都喜歡使用靈擺做療癒、檢查能量場，以及在神聖地方占卜地球能量（參見第九十五頁），但在我看來，很顯然在接下來的二十五年，這個星球上最關鍵的占卜技術將是找出可靠的豐沛（飲用）水源。

一來是汙染影響了儲存在地表的飲用水。占卜師認為，在地球深處還有一種不同的水源，是某種化學反應的結果。這種水稱為「初生水」（juvenile water）或「原水」（primary water），它與從地下水位汲出的水並不相同。初生水並沒有經過我們所熟悉的循環過程，從蒸發變成雲再降雨的回收過程。某個角度上，初生水是全新的水。它很乾淨，還沒有被使用過。這種水通常非常適合飲用。多數水源占卜師在尋找鑿一口井的地方時，要找的正是這種初生水。

但如果你從未見過初生水，或是從未感受過它的魅力，要如何占卜它呢？大自然在動植物王國上給予我們許多不同記號，是這些特殊的地底水脈與植物、動物之間的一種親近關係。如果你能找到這些記號，就能輕易的透過占卜找到初生水。這些地表記號將發出訊號，讓你確認占卜。也許你從未認真的占卜過一口井，但我相信藉由嘗試這些練習，你會在戶外體驗自然，甚至見到未曾注意過的事物。你也將開始經驗地球的能量。

有些人說現在已經太遲了。我們已經在地球的地表上傾倒許多有毒的化學物質，以至於地下水位的飲用水源的汙染程度已經無法修復了。可能如此，也可能不是，但占卜師知道找出不同供給處的方法，這個來源並非來自天空，也不是水循環的一部分：降雨到陸地、河流或湖泊；再透過蒸發，變成雲朵、變成雨。

如果你在學校修過化學，知道水是許多化學流程中的副產品。其中一個基本化學反應是：酸（鹽酸）加鹼（氫氧化鈉），會變成鹽（這裡指的是海鹽或氯化鈉）和水。（$HCl + NaOH = NaCl + H_2O$）。化學反應在我們這個星球內部持續發生，地心岩漿為這些化學結合物加上火的動力。水的副產品轉化為蒸氣，快速的離開地熱。當蒸氣擴張時，找到地殼或地幔中的裂縫或地峽，而且透過來自地底的壓力，水就會冷卻並且往地表前進，有時候便產生冒泡的礦泉或強大的間歇噴泉。

大部分情況下，這種水是以占卜師所謂的「圓蓋」（dome）或「遮蔽泉」（blind spring）形式出現，它從未到達地表，而是在其向上的流動旅程中受到某種無法滲透的物質（如黏土）阻斷。結果它以各種不同的層次在圓蓋中湧現，只要有岩石裂縫之處，就像地下水脈一樣。占卜師以「脈」（vein）來形容地下水的裂縫。圓蓋是心臟，脈是血管。當你從地表往下看時，這種圓蓋與脈的結構就像是一隻圓滾滾的蜘蛛，牠擁有古怪數目的腳——通常是五，但我曾經見過高達十三隻腳。

偶爾，初生水真的到達地表。我們的祖先便稱為聖泉。在許多例子裡，這些特別的水帶有某種其他化學反應的副產品。這些水是以富含礦物質著稱。英格蘭格拉斯通伯里的「聖杯之泉」（Chalice Well）就是以豐富鐵質、含鐵鹽的水而著稱。儘管它的水質看起來相當清澈，泉水卻在岩石上留下一塊深紅的色漬。

聖杯之泉座落在一座美麗的花園內，開放給大眾參訪，僅收取一點維護費，是一個自然和平的地方。每年都有數千名朝聖者來此尋求泉水的淨化、聖化、療癒的能力。地球上的每塊大陸都有神聖的初生水井，在當地數千年的先住民把這些井水視為聖泉。

尋找「良好水脈」的水源占卜師有興趣的是尚未到達地表的初生水。初生水還未成為地下水位的一部分。越接近地下水位的水越會被人類汙染。但初生水尚未曝露在汙染源上。

美國占卜師學會總部所在的佛蒙特州，水源占卜師找的是地表以下十五至七十六公尺的初生水脈。一般認為，任何超出地下一百二十一公尺，就是浪費時間。然而，有些成功占卜出水井的例子卻超出這個深度。最好的鑿井地點是兩條飲用水脈的十字交會點，在兩條水脈相交之間，將釋放出一年到頭每分鐘十九公升的水量。我用「相交」一詞，並不是指兩條水脈在地下的深度相同。水脈的深度通常都是不同的。從相交處開鑿時，貫穿的是在不同深度上的兩條水脈。如果你謹慎的在水脈的十字交會點、或兩條水脈的相交處上開鑿，找到水源的機會就會加倍。

如果，誠如我所深信，要能找到初生水脈的交會點這件事將變得很重要的話，要怎麼樣才能學會自己占卜水源？當然，最好的方式就是花點時間跟隨一位合格的占卜師，或是參加水源占卜學校所開授的課程。我在第一六九頁所列的占卜組織，都有開授相關課程。

然而，你也可以靠自學方式來占卜水源，而且自然界提供一些線索可以幫助你至少找到一條地下的初生水脈。這意思是你必須走出戶外，進入鄉間，但你或許會驚喜於自己的發現。許多昆蟲選擇在水脈或水脈交會處的上面建立居所，就有占卜師發現螞蟻在初生水的上面建造蟻窩。我知道白蟻也在水脈上堆土丘。野蜂把蜂巢入口處設在初生水的上面，如果是蜂群的話，也是在初生水的上面。

許多動物都選擇把地下巢穴入口設在初生水脈上。我占卜過土撥鼠、蛇、獾、狐狸與草原土撥鼠的巢穴，都是在初生水脈上。

鹿似乎也喜歡初生水。你是否曾經穿過一片雜草叢生的草地，卻偶然發現一頭鹿的「蹤影」？這些草叢凌亂一片，印出鹿群棲息的姿態。在這片草叢底下必然有初生水。在交配季節，就像一隻狗對著一個消防龍頭撒尿一樣，雄鹿會繞著領地周圍，在各個定點撒尿，然後把尿扒入地底。秋天的時候你可以在鋪滿落葉的地上見到這些光禿的圓點。甘・瓦登斯（Game Wardens）稱這些圓點為鹿「蹄」。占卜師把這些圓點視為水源的圓蓋。

你養貓嗎？你的貓在屋子裡有沒有一、兩個喜歡的地方？貓喜歡的地點往往標示著初生水。我有一晚在一位朋友家的客房留宿。他的貓堅持要睡在床的右下角落。隔天早晨我占卜後就發現了原因，原來這隻貓受到吸引之處，正是這間房子地底下方兩條原水的水脈交會處。這些相交處似乎不只是讓貓超級開心而已！

野外還有各種植物選擇在地底下方有初生水的地方生根發芽。凱撒大帝喜歡在打仗前用杜松（juniper）的果實「杜松子」來刺激部隊，激怒他們。杜松子現今做為琴酒原料，這種植物在田野於自然的情況下回復成林地時，就是最早在牧草地上生長的大型灌木叢之一。杜松是從一群灌木叢中心生長出來。有時候，像個甜甜圈形狀，中心的灌木枯萎後，周圍的灌木茂密生長。杜松最喜歡在水源的圓蓋上生根發芽。我也見過野豌豆（vetch），這是在佛蒙特花園的一種突出的雜草，繞著圓蓋周圍長成一圈，以及小小的英格蘭雛菊在地下水脈的交會處繞圈生長。蘑菇的菌環則是地下水天然指引的又一例子。

佛蒙特州的闊葉林木在有足夠空間的情況下，樹枝會從樹幹緩慢的向外、向上生長，變得又高又壯。有時候，沒有特別明顯的原因（除了交會處正下方有一條初生水脈之外），枝葉會突然直立生長，與它從樹幹處生長出來的樹枝之間形成九十度角。這種從樹幹直接長出九十度角的樹枝，往往是周圍森林的王木。北美原住民稱之為「議會樹」（council tree），因為在這些樹枝底下曾經舉行過議會。同樣的，盎格魯・撒克遜市民公會（Anglo Saxon moot）❻，或北歐集會（Norse ting）❼，也都是議會地點。

許多關於水與水源點的觀察，都認為這些地點的上方是植物喜歡生長、動物喜歡聚集的地方，這個看法最早由謎樣的英國占卜師蓋・安德伍（Guy Underwood）提出。他在二十世紀中期，投入多年時間踏遍英國各個鄉野，將發現寫成《過去的模式》（*The Pattern of the Past*）一書。自從他的這本書出版以來，許多占卜師都紛紛證實這種連結。

或許你知道某個地方有自然湧泉出現在地表上。或是，你可能注意到有些動物、植物留在地表上的證據，可能指出該處有地下水脈。雖然這個水脈不一定是初生水，但能夠讓你進行以下練習。

如果你住處附近有任何地方或現象符合上述所描述的情況，前往該處，拿出靈擺，在重要的聖地做好調頻動作：「這是我想做的事。我有能力問了嗎？我可以問了嗎？我準備好了嗎？」接著問自己：「有沒有一個水脈或圓蓋是符合我正在尋找的目標物？」（你可以加入特定的植物名稱、動物的跡象、或是神聖點，替代前面這一句話中的「目標物」一詞。）如果靈擺給你的回答為「是」，就繼續問：「這是不是真的？」如果回答仍為「是」，繼續進行下面的操作。

❻在盎格魯・撒克遜時代，為討論或安置與公共利益有關的事務的會議，稱為moot。

❼Ting是維京人（Viking）的用語，指法律的集會或法庭。

在心裡回顧，當你在探查位置中接近目標物時，靈擺的回應方式。（本來是橢圓形，在目標物的上方就變成圓形，偏離目標物時又回到橢圓形。）當靈擺處在探查位置時，對自己說：「我正在尋找一條初生水的水脈。」然後開始緩慢的在目標物周圍行走。如果到目前為止一切都很順利，你應該至少已經得到兩次的「橢圓形／圓形／橢圓形」回應。這表示在你的目標下方有一條初生水脈流過。如果你在目標物的周圍行走時，靈擺的回應次數多於兩次，水脈就比較多條。同樣的回應次數如果是偶數（假設是六次），代表你有一個（三條）水脈的交會點。另一方面，如果得到的回應次數是奇數，通常佛蒙特地區的數字是五次，這代表你正在繞著一個圓蓋的外圍行走，在這個例子裡，有五條水脈來自這個圓蓋。

在上一章，我說過，在「橢圓形／圓形／橢圓形」的流程裡，靈擺朝順時針或逆時針轉動並不重要。流動的地下水脈具有陰或陽的電荷。也許你將注意到靈擺方向是逆時針的橢圓形與圓形，代表的是目標物的電荷。

在原水的水脈處走個幾遍，感覺一下。嘗試走離目標物遠一點，是否還會發現相同數目的水脈呢？

你能不能追蹤其中一條呢？直接站在這條水脈的上方。拿著靈擺，處於探查位置，問道：「上游是在什麼方向？」

你的前端將帶你到那個方向。當你走入那個方向時，持續觀察前端。當水脈轉彎時，前端就會轉彎。你也可以用這個方式跟著地下水管走。

尋找飲用水

先前說過，我覺得尋找好品質的飲用水只是占卜世界的一個面向，但接下來的二十五年，我們比較成熟的地表水源受到嚴重汙染，於是找到初生水的能力將變成占卜師所提供的服務中，最受人需要的一種。我敦促你在這方面多學一點。學習成為一位水源占卜大師需要多年時間，會經歷無數的錯誤，也需要不屈不撓的毅力；然而，未來這可能是個人與社群最重要的生存技能。以下練習已經延伸到包含幾點祕訣，提升你在水源占卜上找到好水的機會。

首先，當你占卜一口水井時，請求一個有兩條或兩條以上的初生水脈的交會點，它們要都可以飲用，不超過七十六公尺深，能提供每分鐘至少十九公升的水（這是多數家庭足夠的用水量），而且水是整年流動不停的。例如，我母親的屋子使用每分鐘五至六公升的水量，但追求每分鐘至少十九公升的水量則更有保障。它讓你在需要更多水量時有儲水可汲取。有些初生水充斥硫磺或其他難聞的化學物質。如果它是來自地底很深的地方，開鑿成本就會過高；如果井水每到夏天都會乾枯，有什麼好處？

讓前端以及三角檢定法引領你到水源處，靈擺的「橢圓形／圓形／橢圓形」的擺動過程將告訴你，你是否正中目標。找出有多少條水脈在這個位置交會。絕對不要在一個圓蓋上開鑿！地表的強大氣壓將把圓蓋的頂往下壓，直到把水往側邊推與往下推的兩種壓力相同為止。結果你就喪失水源了。

你要占卜的是從一個圓蓋出來的水脈。從圓蓋出來的水脈數量永遠是奇數。最好尋找一個有兩條奇數水脈且彼此（在不同深度）交會的地方。兩條水脈交會在地表上看起來像是一個X形，但其中一條可能比另一條更接近地表。

現在要測定深度。讓靈擺處於探查位置，問道：「距離那條較高的水脈頂點，是不是超過十五公尺呢？」如果靈擺說「是」，再問：「是不是超過三十公尺？」如果靈擺說「是」，再問：「四十六公尺？」一直到靈擺說「否」。

所以，你感知（直覺上的知道）它的深度是介於地底三十至四十六公尺之間。請注意我在第二、第三個問題省略「距離水脈頂點……公尺」，以及第三個問題「是不是超過……」以及只問：「四十六公尺？」。

這是占卜的簡略法。有時候問了許多類似的問題，占卜師會簡化問句以節省時間。前述詢問水脈所在位置的深度的脈絡中，「四十六公尺？」是指「兩條初生水的水脈交會處離較高的那條水脈頂點是不是超過四十六公尺？」較高的水脈是介於地表以下約三十至四十六公尺深處。

如果你想得到更精確的深度數字，可據此調整問題。你也可以使用0至100占卜圖。當你測得水脈超過一百，這個圖可以代表一百至兩百之間的數字而不是零至一百。將靈擺放在扇形圖的中央上方位置，問道：「兩條初生水的水脈交會處離較高的那條水脈頂點是超過一百公尺之外多少公尺？」從50開始的靈擺前端，將以逆時針方向擺動，直到譬如36為止。

使用同樣的技術，能夠找出兩條水脈較深的那一條離地表的深度。你鑿井的鑽子必須鑿得比這個深度再深一點點。

水源占卜師一定也要能夠測定屋主能從這口井裡得到每分鐘的潛在水量。你可以同樣使用我們在探測深度時所用的技術：「是不是大於／小於……」。開始一、二、三……公升，問到十時，繼續往上，但數字改成十進位，直到得到「否」的回答。然後再以個位數來測。如同我們最後在測明確深度數字的例子。你也可以使用0至100占卜圖。

你現在已經準備好要在地上立一根木樁，

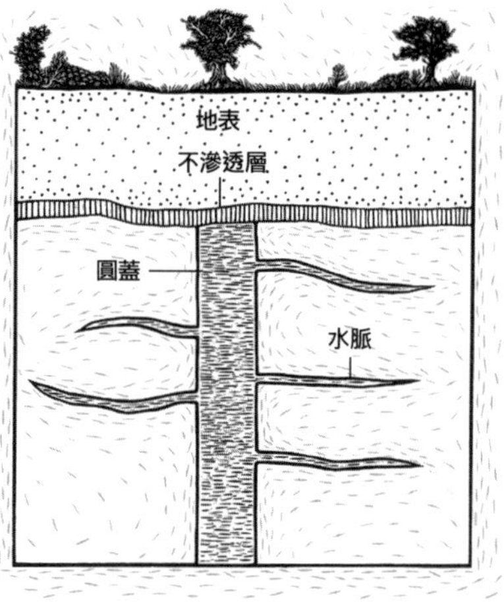

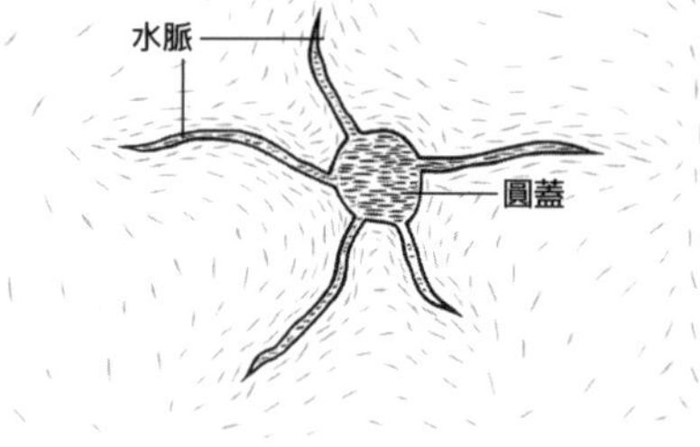

右圖：初生水或原水從地心深處沿著地幔（稱為圓蓋）的垂直裂縫往上移動。當圓蓋中的水接近不滲透層時，就從圓蓋邊的小裂縫以水脈形式流出來。
下圖：從占卜師的角度來看，圓蓋和其水脈看起來就像一隻蜘蛛。

標出鑿井的鑽探工要開鑿的地點。把木椿往地上那個點輕輕壓一下。「這裡是不是鑽探工開鑿的最好地點？」靈擺說「是」，你再確認：「這是真的嗎？」靈擺又答「是」。你找到了！

最後一點。如果你找到了，我還是敦促你和一個好的占卜師聯繫。試試在你國內的國立占卜組織提供的指南，或是如果你屬於水源國際（Fountain International），就聯繫鄰近的水源團體（Fountain Group）。請見附錄的相關占卜組織與出版品。此外，還可以到所在地附近的水源占卜學校。記得，越來越多的占卜師有興趣於用占卜去找其他的東西而不是找水，所以如果你決定參加占卜課程，應該先了解究竟包含哪些內容。

加油吧。如同所有的占卜活動，水源占卜師並不是每次都能成功。你也一樣。但如果你能培養這項技能，讓自己至少達到85%的機率能找到乾淨的飲用水，那麼就像其他優秀的水源占卜師一樣，能夠提供一項很有價值的服務，特別是在接下來的五十年期間。

其他的實用建議

身為占卜師，你能尋找並且找到任何你能想到的東西。在美國，許多市政當局都固定使用L形杖（在第五章會提到的另一種占卜工具）來找地下水管或電纜線。有趣的是，通常市政當局並不認為這是占卜。他們解釋，他們的一些雇員似乎能夠相當成功的「運作」L形杖。重要的是，在地下水管管線圖已經遺失的城市部分地區尋找時，L形杖是有效的工具。你可以透過靈擺，使用地圖占卜來試同一件事。

有些占卜師在探勘水晶、礦石或化石時，使用靈擺。我有時也用靈擺來看一個會議或工作坊會有多少人參加。要不要用靈擺看看你的玉米什麼時候會煮得剛剛好？

當你在林子裡散步時，不妨試著用靈擺占卜來尋找動物或鳥類。或者你可以在一個林地的深潭邊占卜鱒魚。

你知道裡面有一條大鱒魚。第一步是最重要的。所以這條大魚在哪裡？你可以在魚池邊使用魚餌做為靈擺，用它的前端來顯示要釣那條大魚時，釣魚線要拋擲出去的明確方向。

我有幾位朋友都很善於用占卜找出地下水管的裂縫或堵塞處。他們一開始會先畫出管線圖，再沿著管線來找裂縫或堵塞處。你可以在接下來的練習試一試。

找一個住家附近的地下水管。以靈擺使用前端的方法，找出運行方向。然後問靈擺，管線中的接合處，或是兩個不同管子連接在一起的地方。拿著靈擺讓它處於探查位置，沿著管線行走。每一次接近管子的接合處，靈擺會從探查位置變成順時針方向轉圈。當靈擺的擺動變成一個完整的圓形時，你將被指引到水管的接合處。你可以為占卜結果做出一張圖，當你在任何時候需要再檢查水管時，就可以派上用場了。

尋找管線的裂縫或堵塞處，就和尋找管線的接合處一樣，是相同的過程。

當你能夠透過占卜來告訴水管工人要挖鑿哪裡以及鑿多深（參見第一一九頁），就能節省許多金錢。

古代的聖地

許多讀者將會知道自家住處附近有一個古代聖地。哪些遠古先民曾住在你家附近？他們如何標示出神聖空間？本書提到每個國家都有許多聖地。從原始的聖泉與刻文，到無數的雕像塚（動物、人類、「外太空」的人），以及朝向至日或晝夜平分點方向的地底密室，再到石製藥輪圈，地球上的人已經用種種不同方式標記出聖地。這些地方是神聖的，因此帶著正確的態度去接近它們是很重要的。如果你期待從此處學習，前往時就必須心懷敬意。

使用占卜技術去學習神聖空間的一切是有可能的。你可以尋找的第一件事物就是初生水。神聖空間越大，水量可能越多。也許你將發現一個圓蓋，或發現它處於神聖空間的一個特別區域。地下水是陰性的、負極的，而且自一九三〇年代以來就已經記錄在占卜文獻裡了。

在一九二〇年代，英國的亞佛列・瓦金思（Alfred Watkins）撰寫《老訣竅》（*The Old Straight Track*）一書，書中他敘述自己發現全英格蘭成群排列成一直線的古代聖地。這些地方的範圍從直立的石頭與巨石陣、到聖泉，以及青銅器時代圓形墓丘與鐵器時代的丘陵要塞，到日耳曼教堂及哥德式大教堂的尖頂。由聖地串聯組成、貫穿這個國家的各種直線，稱為「草地線」（ley line）。追逐尖塔，或是騎在馬背上以直線方向從一個尖塔前行到下一個尖塔，「不畏堅難險阻」是草地線的古代意識遺風。一條草地線可界定為這條直線上至少有五個神聖點，每個點的地面下方都有初生水。地球上每個大陸幾乎都可發現草地線（我不知道南極洲有任何一條草地線）。

這些草地線有時伴隨著一束陽極或正面的能量，稱為「能量線」（energy ley）。二公尺至二公尺半寬的一束陽極能量，就像子午線或毛細管那樣繞著地球表面運行，以各種形式把養分帶到該地居民和動物。在各種古代的聖地空間，至少有一條能量線，而且將沿著這個地方的主要軸線運行。

如果你住在一個已知聖地的附近，帶著敬意前往並試著占卜出能量線。請教靈擺，最接近的能量線位置。（你可以要求尋找一條最接近住家的能量線，也許你是在一張地圖上占卜，但你必須旅行遠一點才能找得到它。）走到能量線的邊緣。你有什麼感覺嗎？你會不會注意到自身的任何反應或是身體感覺？請走到另一端，通常是二公尺至二公尺半，轉過身，並且在那裡占卜。

能量流動的方式就像一條河流，而且有一個明確的流動方向。你可以透過詢問：「下游是哪個方向？」發現前端指出的方向。

這個地點的能量中心就在初生水（圓蓋、水脈）和能量線交會的地方。在任何聖地，這就是一個主要的所在位置。的確，有些聖地有一個以上的能量中心。

在占卜能量線的邊緣上，你的占卜已經從身體到非身體的層面，從占卜可見的目標物到看不見的目標物。使用一張地圖或是在地面上進行的方式，透過一條能量線與其他聖地的組合關係，就能看見能量線。但你觸摸不到、看不到、聽不到、聞不到、嚐不到一條能量線，也無法拿一根針在一個科學工具上移動當做對這條線的反應。然而，許多占卜師直覺上知道它們的存在。

當我透過靈擺而接近一個能量中心時，首先注意到就是後頸部開始有刺痛感。然後，當我越來越接近這個能量中心時，靈擺的擺動不但從橢圓形變成正圓形，而且轉動速度也加快，直到幾乎與地表呈平行狀態為止！這種速度的增加就像一個度量儀。速度越快，與該特定的能量中心一起運作的能量就越多。

請記得，使用靈擺來考察聖地的方式有很多種，就像有很多靈擺的使用者一樣。每個人看待這些看不見的目標物的方式都有些微差異。請以你「看」它的方式來進行，以你的方式來占卜。你的直覺經驗會教你更多。

如果占卜的這一個面向特別讓你感興趣，我的另一本書《靈性占卜》(*Spiritual Dowsing*) 中有廣泛討論，該書進一步討論靈擺在治療上的運用。請見第一六六頁的推薦書目。

我們在本章主要探討初生水，討論它的性質、尋找方法，以及如何使用占卜來找到它。我簡短的描述這門古代技藝的其他戶外使用方式，其餘部分則討論在古代聖地使用占卜，以及考察在聖地發現的地球能量。

當你的占卜技巧進展後，將發現在戶外占卜的其他用法；然而，我還是請你盡可能在初生水或原水的占卜上累積更多經驗。我真的認為不會有其他技巧比初生水占卜對未來還來得重要。

第五章

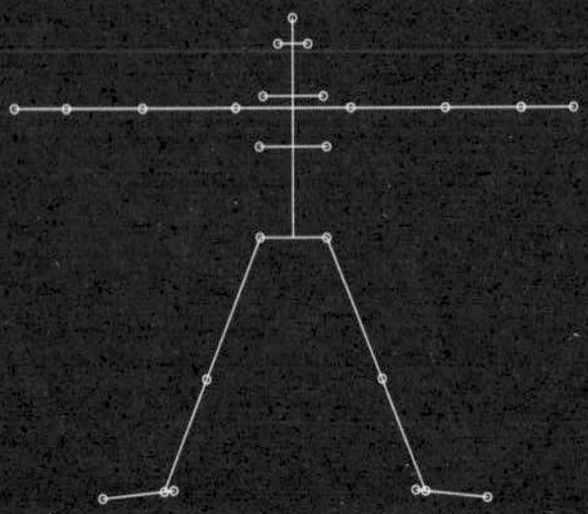

其他占卜工具

繼續討論其他占卜工具之前，我們先看一看各種可用的靈擺或許有所助益。儘管在一條線上繫一個六角螺帽也可以很順利的應用，但若要使用占卜圖，靈擺一端必須要有一個尖角（就像本書附贈的靈擺一樣）。

其中一種有趣的靈擺是內有證物盒（witness chamber）的靈擺，在靈擺內有一個小空間，可以讓占卜師放置失物的樣本。如果尋找石油，就放一點高級石油；如果尋找失蹤兒童，就從這個兒童使用過的梳子上蒐集一撮毛髮。有些占卜師覺得這種「證物」有助於他們專心。（我個人認為，如果你覺得它有幫助，就會有幫助。反之亦然。）

占卜師可以使用各種靈擺。有人覺得石英或水晶材質比較好，也有人覺得木質好。有人偏愛粗重的形式，也有人喜歡狹長以及相對較輕的。我記得自己有一個比較成功的靈擺，是一塊繫在蒲公英桿上的石頭！

從技術上來說，靈擺是繫在一條線上維持平衡狀態的重物，但實際上有各種變化版本，占卜師最終必須自行決定哪一種靈擺最好用。

靈擺並不是唯一的占卜工具。主要或是典型的的占卜工具有四種，靈擺只是其一，而其他三種分別是：Y形杖（Y Rod）、浮標（Bobber），以及L形杖。我們來看看每一種占卜工具，同時在這個過程中，進行一些練習，好讓你熟悉它們的功能。

Y形杖

做為原型的占卜工具，一般大眾或許對Y形杖比對靈擺更熟悉。舊式的蘋果木叉型棒用於水源占卜已有數百年的歷史。我住在美國東北部的新英格蘭地區，這裡多數老一輩的占卜師都選擇Y型杖為占卜工具。有人說只有蘋果木能用，也有人則是非常信賴柳木。以我的經驗來說，任何可彎曲、有分枝的年輕綠木的枝幹都可以使用，而且當它在工作時，我不可能在目標物的上方維持探查位置。

你要自己嘗試Y形杖時，請到戶外找一棵有分枝的樹，樹枝要與小指頭一樣粗細。從這些樹枝中找一根分叉形或Y形的樹枝，但它必須分叉得相當平衡，所以不要挑兩條分叉呈九十度的Y形樹枝。這兩條分叉的樹枝應該從分離點開始就均勻的分開。從Y形樹枝兩條分枝與主幹接合處開始起算，離主幹約五公分處砍下Y形樹枝。每條分枝可以有約四十五公分的長度。

Y形杖只有兩個位置：探查位置以及「這裡」（這就是你要尋找的點）。探查位置是你用兩手抓著Y形杖的兩分枝，手掌向上而且拇指向外。握住Y形杖讓頂端的頭向上。你將感知（直覺上的知道）探查位置，就是當你感覺Y形杖處往後會翻轉打到你的臉或往前會打到地面，這兩者之間呈現一種平衡狀態的時候。在美國，多數Y形杖的占卜師發現他們的探查位置是杖子要離開胸前轉向地面的時候。在英國，許多占卜師則發現杖子會往後移動、朝向身體（他們使用的Y形杖分枝較短，所以不會打到臉）。據我所知，正如一個靈擺發出訊

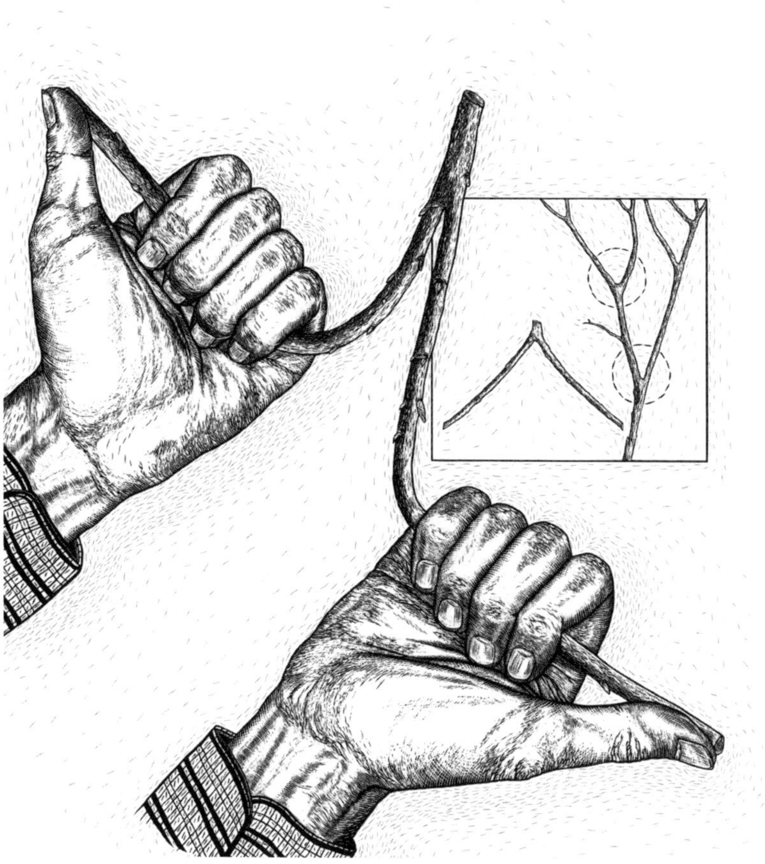

探查位置上的雙手握住Y形杖。注意握住Y形杖的雙手拇指要朝外。握住Y形杖時，雙手拇指可以壓著杖桿，也可以不壓，看你覺得哪一種方式比較舒適。

號的方式是多元的，因此Y形杖也是看個人偏好（或是教師的偏好）來決定運作方式。

讓我們來感覺一下Y形杖為你工作的情況。拿一條長細繩，讓它筆直的從右至左的方向躺在你前面地板上。接著，請你站起來，兩手握住Y形杖，處於探查位置（拇指向外）。對Y形杖說：「當我走過這條細繩時，我要你往下移動，而且我要你直接朝向這條細繩。」

當你手持Y形杖朝細繩走去時，你會注意到在你還沒走到繩子之前，就可以感覺到杖子在手中的拉力。請兩手緊握杖子。Y形杖會轉向「這裡」的位置。你將沒辦法握住它。杖子的振動程度甚至會強烈到脫離你的雙手！

好。如果第一次不順利，再多試幾次，專心於你向杖子請求的事。如果Y形杖不往下移動，像一個頑強的靈擺一樣，你得讓它知道你想要它如何移動。再次走到細繩前面，但這一次，當你往細繩走去時，同時讓Y形杖往下移動。這樣做個幾次。讓Y形杖和你都明白，這個回應是你正在尋求的「這裡」的位置。

現在再試一次，但這次不用強迫它往下移動。剛開始你可能只會覺得有一點點拉力。試試把你拿著Y形杖的手臂高舉過頭，並處於探查位置。這個方式會讓Y形杖的敏感度提高一點。不用特別用眼睛看著它；請感覺它。

如果Y形杖還是不動，你有兩個選擇。你可以每天做一次練習，連續一週，屆時或許就能讓它移動了；或者放下Y形杖一段時間，改試浮標或L形杖。並非所有的占卜工具都適用於所有的占卜師。

關於Y形杖拉力的方向，有兩個原因讓我寧願它是朝向與我的臉相反的方向移動。第一，我曾經被Y形杖打中鼻子，而且很痛！第二，我發現讓它往相反方向移動是很有用的，因為如此一來不但能顯示「這裡」的位置，而且也可以用來顯示方向。例如：當你在樹林裡迷路時，就這麼做。「我的車子在哪一個方向？」在探查位置上握住Y形杖，慢慢的轉圈。像一個手臂往正確方向延伸出去，當Y形杖指向車子的所在方向時，就會翻轉向下。

在已知地球水源逼近嚴重汙染的情況下，我覺得除了參與其他領域的占卜之外，我們許多人有必要盡可能的學會找到好品質飲用水的方法。Y形杖在這方面是很棒的工具。在尋找可以開鑿的地點時，Y形杖直指地面某處的特殊回應方式，給予占卜師一個明確的開始點。製作Y形杖的材質很多，有蘋果木、柳木、櫻桃木，甚至塑膠材質。請自行選擇。

浮標

浮標主要是水源及石油占卜師所使用的工具，它有許多種形式。最常見的一種是以釣魚竿做成的（沒有釣魚線），握住原來綁釣魚線的那一端（頂端）。如果你要自己製作浮標並且學習使用它，請做以下練習。

走出戶外，從田野旁或鄉間小路的一棵樹

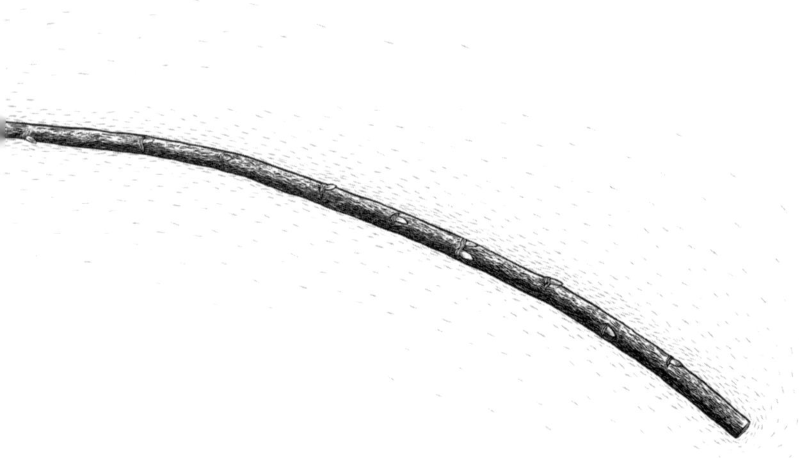

砍下一棵樹木的柔軟細枝，或使用一根釣魚竿，握住浮標比較輕的那一端；要用單手或雙手，則視重量與長度而定。浮標較重的那一端在回答「是」的時候是上下晃動，回答「否」的時候則是左右晃動。

上砍下一根約一公尺長的軟樹枝，用單手或兩手同時握住樹枝較細的那一端。讓頂端稍微朝上。

「是」的反應為上下晃動，就像是人們點頭表示「是」的樣子；「否」則是左右搖動，就像人們搖頭說「不」的樣子。試一試。對浮標說：「給我看看『是』。」如果它沒反應，把樹枝上下來回彈一下，讓它晃動。「這就是『是』。」然後再問「否」。這時，你的浮標應該會停止上下晃動，而且往左右方向搖動。

如果你知道把水引入屋子的水管所在位置，就在心裡畫出它在屋外的方位。請帶著浮標前往那個位置，讓浮標處於探查位置，握住較細的那一端，讓頂端指向與你身體相反的方

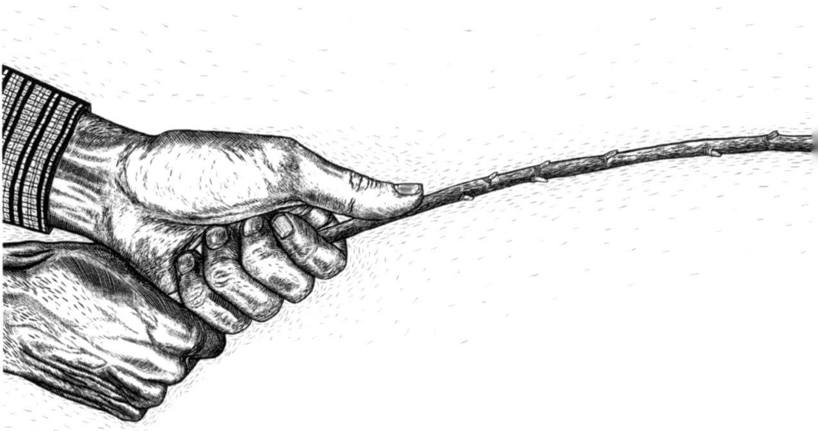

向並且稍微朝上。

走向地下水管的地點。當你接近地下水管時，浮標開始上下晃動，越靠近目標，晃動得越大。當你到了地下水管的正上方時，浮標的晃動程度會達到頂點；在你逐漸走離目標物後，晃動會逐漸減少。這個過程就像是靈擺占卜一樣：從探查位置開始，到出現橢圓形擺動，在目標物的正上方時擺動呈正圓形，當你離開目標物時它又會回到橢圓形擺動，最後恢復到探查位置。

現在走回來，並直接站在地下水管的上方。開始讓浮標以上下方式晃動。我們來測定地下水管的深度——從地表到地下水管的頂端。開始讓浮標上下晃動。（假設地下水管是在離地面一點四公尺的深處。）「我想感知（直覺上的知道）這條水管的深度。」從任何一種向下揮動開始，或是讓占卜杖每向下晃動一次就代表三十公分。「它是不是在地表以下超過三十公分深的地方？六十公分？九十公分？一百二十公分？一百五十公分？」當你問到一百五十公分時，浮標停止上下晃動，並開始左右搖動。所以占卜結果是：水管深度介於最後問到的數字與前一個數字之間。

請記得這個問題：「它是不是超過……」浮標的回答否定了一百五十公分，所以你的水管是介於地表以下一百二十公分至一百五十公分之間。再讓浮標上下晃動：「它是不是超過一百三十公分？一百三十五公分？一百四十公分？」浮標再度變成左右搖動。「所以它在地表以下一百四十公分的地方嗎？」浮標回答「是」。

如果你找不出地下水管的位置，或許可以找出其他管線或電纜，占卜它們離你的距離有多遠、是在你的上方或下面。從最接近的距離開始占卜。

前一陣子在一場美國占卜師學會的年會上，我認識一位來自澳洲的占卜師，他使用一支鋸木頭的鋸子當浮標！他真的用得很順。他會用雙手握住鋸齒的尖端，而當他趨近一條水脈時，鋸子晃動得很厲害，讓我以為鋸子快要從他手中彈出去了。當然這支鋸子只有一種運動方向：上和下。你無法得到「否」的回答。（所以你一定得發展一種技巧，設計出只能回答「是」的問題。）

在美國，使用浮標來尋找石油或水源的占卜師，自稱為「探礦杖」

（doodlebug），而且把他們所使用的工具稱為「佛羅里達浮標」（Florida bobber）。浮標在測定深度或回答各種關於數字的問題時，是非常有用的工具。而這些探礦杖則極信賴浮標探測石油的能力。

L形杖

本書所要介紹的最後一種占卜工具是一對L形杖，以塑膠管內包覆住金屬線的袖形衣架所製成，呈L形。

我建議你做兩支L形杖（L形杖通常是成對使用的）。拿兩個一模一樣且金屬線較粗的衣架。用鉗子把衣架連接吊鉤處剪斷。再把連接吊鉤的其中一邊彎折處上方剪斷。你現在看到的就是一支短桿和一支彎成L形的長桿。把一根塑膠吸管剪下三公分，或是剪下其長度比L形的短邊再短一點的一段吸管。有些速食餐廳提供的吸管很好用，因為它們特別粗。把剪下來的衣架短桿套進吸管裡，並確定桿子在吸管內旋轉自如。讓短邊再彎成一個小一點的L形，與另一邊的長邊呈平行，這樣就能把吸管撐住。最重要的是：請把長邊的尾端也折彎約三公分，做出一個環狀。預防你不小心戳到人時，會有一點幫助！

請走到你先前用浮標占卜地下水管的位置。L形杖的探查位置經常讓我想到比利小子（Billy the Kid）拿著六把槍就定位準備開火的畫面。讓你的手臂在手肘處彎曲，並且輕輕的握住吸管處，所以你的手就不會碰到裡面的金屬衣架，讓長邊朝向與你相反的方向，並且讓兩邊平行。這就是探查位置。

你會發現，若是扭動手腕，L形杖將向內轉且彼此交會成X形，或是向外轉開。這是很容易做到的，所以確定一下不要讓你對某個特定答案的需求無意的影響了手腕的轉動。當你使用L形杖占卜時，永遠都要意識到手腕動靜，試著別讓手指抓得太緊。

往地下水管的地方走去，同時說：「當我走到地下水管時，我要這些L形杖往外動，而當我的雙手就在水管的正上方時，我要L形杖朝彼此交會的方向完全延伸出去。」

也許L形杖就只是垂掛在你的手上而已，並在你經過地下水管時完全沒有動靜。多試幾次。握住L形杖的頂端，往上拉高到一個位置，直到從這裡再往上提高的話，就會往下跌落到一邊。這就是L形杖最靈敏的平衡位置。

如果你還是沒有好運氣，就如我對其他難以馴服的占卜工具的建議，你得讓占卜杖知道你要它們做什麼事。在探查位置上拿著占卜杖，走到你知道地下水管所在的地方。當你接近這個點時，往外轉動一下手腕。

沒錯，讓占卜杖動起來！這樣做個幾次，當你強化正在做的事時，請說類似的話：「我正在接近這個水管，當我更接近的時候，我要你（L形杖）像這樣往外動（轉動你的手腕）。」

當你感覺到L形杖的移動，對它說：「當

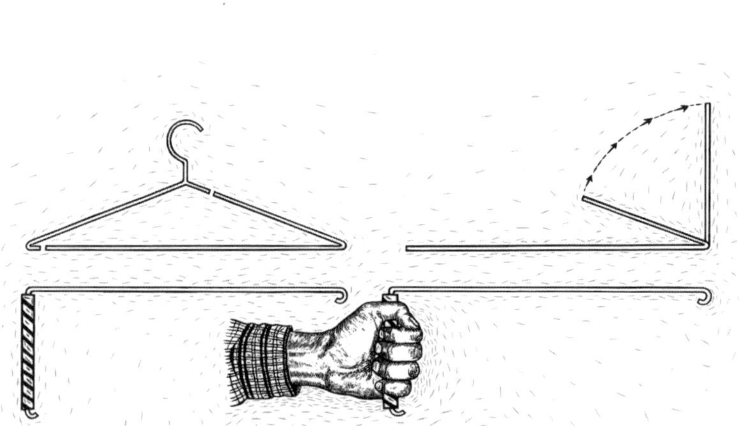

如上圖所示，把內含金屬線的衣架兩邊剪斷，藉由折彎金屬線以形成L的角度，創造出兩支L形杖。把一根飲料吸管罩住較短的那一端，當做套子，但套子並不是絕對必要的。有些占卜師比較喜歡沒有套子的L形杖。

握住L形杖，讓它在你面前呈一直線延伸出去，與另一支L形杖平行，處於探查位置，如右下圖。

我越過水管時，我要這對L形杖往內交會成一個X形。」這對L形杖交會形成X形的中心，就是水管所在的地方。如果方法正確，當你走到目標物時，兩支杖就會自行交叉。

對多數的L形杖使用者而言，杖的兩邊打開代表「是」、交叉代表「否」或X位置，而探查位置則是兩邊呈平行。

記得我在服役的時候，被分發到加州蒙特雷軍區（Presidio of Monterey）的語言學校。當我在一個語言圈中間時，與其他幾位士兵暫時被調遣去拆解老舊電器裝置的組合零件。其中有一次休息時間，大家聊到了占卜話題。距離當時大約五年前，我的母親教我如何去尋找地

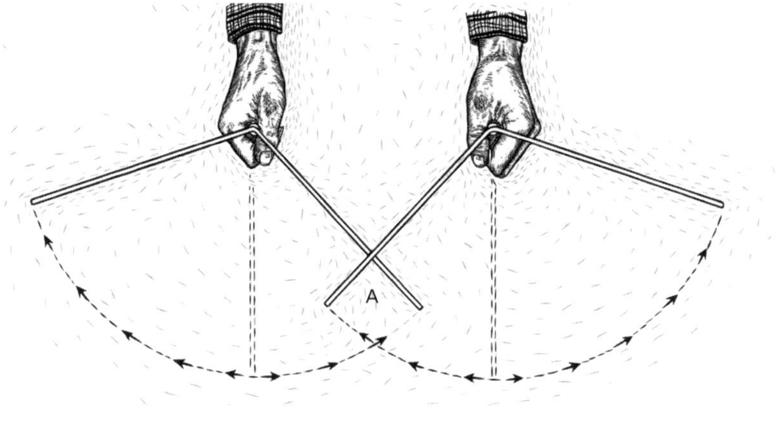

當你在目標A的正上方時，或是收到「否」的回答時，這對L形杖會彼此交叉。

下水管，所以當我見到在田野中央的一個豎管時，決定要去找出這個水管是從何處把水帶來這裡。

我利用從電子控制台內取出的上了膠的厚電線，做成一些L形杖，然後就出去找水管。我們的駐守處相當接近營隊邊緣，而水顯然來自軍區中心，那是大部分建築物的所在位置。然而，當我繞著豎管走時，我感到L形杖的熟悉拉力往我期望它移動的相反方向移動！這不可能是對的。我的夥伴本來就對占卜抱持懷疑，此刻更加確信它真的不可行。

當天晚上就寢時，我對這件事百思不解。隔天我到電子拆解工程單位時，拿出L形杖，再試一次。這個水管似乎是來自軍營圍籬旁邊的一棟建築物——方向完全不對。我跟隨地下水管方向直到那棟建築物旁邊。就在腳下看見水管進入地基牆！我想那天有一、兩個同伴對占卜一事完全改觀。我所使用的技巧，將在接下來這項練習中解釋。

要找方向，請在探查位置握住一支L形杖，對自己說類似的問句：「最近的街燈在哪裡？」讓L形杖處在探查位置上，但請你繞著一個小圈圈轉動身子。當你轉到要找的最近的街燈方向時，L形杖的尖端似乎就會堅持在那個方向。當你持續轉圈時，L形杖的尖端還是會繼續指向最近的街燈。這也可以用來問：「北方在哪裡？」「我在山裡迷路了，最容易到達的急救站在哪裡？」讓直覺透過L形杖替你指引方向。不管你轉往何方，L形杖似乎都會堅持在正確的方向。

你也可以使用L形杖來顯示各種地底事物運行的方式。你知道水管是筆直或傾斜的從屋子裡出來的嗎？問L形杖，請它告訴你水管運行的方向。在探查位置上拿著一對L形杖，朝水管方向前進。當你走近時，留意L形杖如何開始改變。當L形杖以彼此相反方向往外延伸時，你不但就在水管上方，而且杖桿兩邊顯示的就是水管的兩邊方向。試試以一種傾斜角度來接近水管。注意其中一支杖桿向外伸得比較遠，而另一支則是只伸出去一點點，如此呈現的是水管的路線。

每一項特定占卜都有一種比其他更適用的占卜工具。靈擺在回答是或否問題時既方便又迅速；Y形杖很適合用來尋找明確的地點；浮標適合測量深度；而L形杖則是嘗試測定一個地下物的方向或流動時，特別有用。然而，你也發現你能把任何一種占卜工具用在所有的占卜需求上。我有位朋友是個優秀的水源占卜師，她也將占卜應用到許多其他層面上，而且她一向只使用她的靈擺。

最終，你使用哪一種占卜工具並不重要。最重要的是，無論你使用哪一種工具，它都要能為你工作。你將發現你和正在使用的工具之間建立起融洽的關係。當你占卜順利時，整個人是放鬆的，工具本身也覺得好像有生命一樣。靈擺似乎自己在動，而且以一種興奮的樣子旋轉。Y形杖有自己的生命，甚至有時以出人意料的方式反應。當你接近目標物時，它彷彿感受到那種接近的感覺，於是開始在你手中抖動。然後，隨著逐漸增加的拉力，往下彈以指出明確的方向。浮標以自己的獨特方式晃動並跳躍，讓我覺得它是很有反應的神奇工具。L形杖也是一樣，有自己的移動方式。有經驗的占卜師在強風中把尖端往下握住，而這支杖往外移動時卻是往上升的！

回到靈擺，你最近有沒有一直在做基礎的練習呢？請現在就試試。拿出靈擺，從探查位置開始。接著說：「讓我看到『是』，這是『正』，這是『行動的』，這是『陽』，這是『是』。」然後：「這是『否』，這是『反』，這是『接受性的』，這是『陰』，這是『否』。」

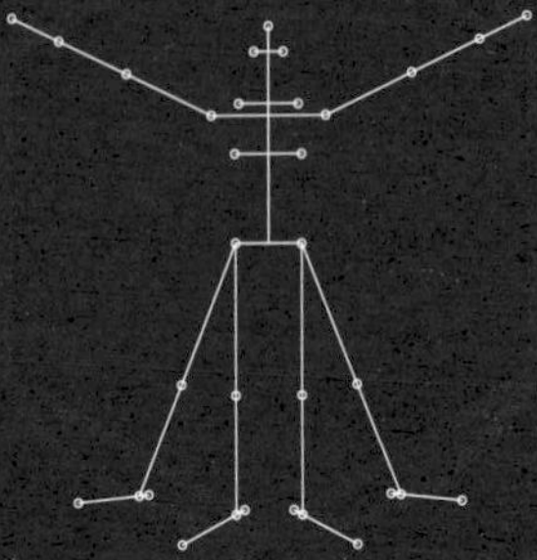

第六章

結論

最後這一章以占卜為整體，談談各種相關主題，我們尚未討論的是：這門古老藝術的歷史、占卜的科學分類、占卜與科學的關係。我也會提出一些你可能有興趣探索的進階方向，包括無形的念相（thought form）世界，以及針對非物質世界的無工具占卜法。

占卜的歷史

占卜的起源可回溯至模糊的遠古時期。片斷證據指出有好幾個人宣稱發明了占卜。有人說非洲阿爾及利亞南部塔西里洞穴（Tassili Caves）的壁畫是最早的證據。這些洞穴內有人形圖畫，完成時間可溯及西元前六千年。其中一個人形握有一支叉形的棍子，呈現出我們所稱的探查位置。傳說約在西元前兩千年，中國的虞帝不只是一位占卜師，還率領了一支遠征隊到東方探險，並且旅行穿越現今美國西部以及墨西哥西海岸地區！

有關古代占卜藝術的最佳資料來源或許是在《聖經》裡找到的一條參考（常為占卜師所引用）。在穿越西奈山的流亡過程中，追隨摩西進入沙漠的人，他們的穀物、水果與飲水都用光了，而且都缺乏休息。上帝告訴摩西（今稱為通靈）：「你拿著杖去，和你的哥哥亞倫招聚會眾，在他們眼前吩咐磐石發出水來。」

所以摩西和亞倫就召集會眾，摩西站著對他們說：「你們這些叛徒聽著：難道我們要從這磐石中給你們取水嗎？摩西說完了就舉起手來，用杖擊打了磐石兩下，水就源源的湧出來……」（〈民數記〉20：8－11）就如上帝第一次提到，此處的「杖」似乎不只是一支輔佐走路的工具；它顯然是一根非常特別的木頭。摩西在埃及時相當有效的使用這根木杖對付法老王。像這樣的事件我們通常稱為「奇蹟」。根據《韋伯斯特辭典》（*Webster's Dictionary*）對「奇蹟」的其中一個定義是：「在物理世界中的一個事件或結果偏離了自然法則。」我們若使用現代科學對自然法則的界定，占卜就是一種奇蹟。而摩西就是一位占卜師。

與占卜有關的近代歷史證據，是中世紀及文藝復興時期的搜捕與燒死女巫的事件。這個時期最後一位被處死的女巫，是在一七二八年清教主義的蘇格蘭地區。全歐洲的原住民當時使用占卜做為療癒自己與他人的工具。這些人探測水源的能力在當時非常受到重視，所以並未遭遇鎮壓。水源占卜師倖免於難。但凡是使用占卜來療癒或做為個人靈修工具的人，則受到殘酷鎮壓。女性主義研究者如莫妮卡‧史卓（Monica Sjöö）與史達侯克（Starhawk）指出，在這段期間裡有九百萬人的死亡要歸咎於教會與宗教法庭。布里斯托大學的英國歷史學家不同意這個數字，認為死亡人數比較接近六萬人。也許只有六萬人死亡，但結果都一樣——直覺的意識在歐洲受到嚴厲打壓，而包括占卜在內的古老方法，也以九百萬人死亡的結果告終。

《探測之手》（*The Divining Hand*）的作者克里斯‧伯德（Chris Bird）認為，占卜歷史始於十七世紀中期，第一位占卜師是法國的馬汀‧迪伯特里歐（Martine de Bertereau），他運用占卜方式成功的找出一百五十座以上的礦脈，得來的報酬卻是終生監禁。這個故事讓我們看見，占卜的受益者是科學而非占卜師！占卜技術多年來一直被科學機器使用於探勘許多金屬元素。就像水源占卜師一樣，歐洲的金屬占卜師也變得相當有用，以至於教會也無法打壓他們。

當我在一九六〇年代第一次加入美國占卜師學會時，出席年會的與會者平均是六十五歲的男性。現在有比較多的女性加入了。即使在早期男性主導期間，也已經有幾位女性在占卜領域擁有一席之地，其中一位是伊芙琳・潘柔絲（Evelyn Penrose）。伊芙琳出生於英格蘭的康瓦爾（Cornwall），來自於占卜世家，後來搬到加拿大，並在一九三一年被英屬哥倫比亞政府聘為水源暨礦物占卜師。她有九成的占卜成功率，在旱災期間，為農夫及牧場經營者找到水的故事不勝枚舉。潘柔絲在加拿大的成就並沒有讓她滿意，於是一九四〇年代晚期到了澳洲新南威爾斯，協助受旱災影響的農夫及牧場經營者尋找水源，貢獻頗大。

一九二〇和三〇年代，歐洲出現了各式各樣的學會，其中一個是英國占卜師學會。在美國，一直到一九五八年才有一群水源占卜師在佛蒙特州的丹夫利（Danville）會集。他們後來成立了美國占卜師學會，此後有了各種聚集與會議活動，並在美國各地舉行區域會議。第一六九頁是有關占卜的各種組織與出版品資訊。

我們用來描述這門古老藝術的專門用語反映出它的起源，也就是當時如何使用占卜。占卜師又被稱為「先知」（diviner），而透過占卜的運用，建立起某種與神性的連結。占卜師有時被稱為「水源女巫」（water witch）。這個名字清楚顯示出占卜的出身。它是來自於巫術傳統、女神傳統，以及我們傳承中的女性、直覺的面向。

占卜與科學

當我們回顧文獻可以清楚看到，對占卜進行科學考察，結果成功的寥寥無幾。一九〇六年，朱里歐司・魏斯艾莫（Julius Wertheimer）教授做了一項如今公認為對占卜師的古老標準科學檢測法：在占卜師面前的地上放三根水管；每根水管都連接一個水源，問道：「哪一條水管現在有水通過？」就和隨後的其他類似檢驗一樣，（連非常稱職的）占卜師都失敗了。

英國占卜師學會的前會長馬利李（K.W. Merrylees）對自己的占卜技術相當有信心，便同意參與一九七〇年代初期的檢測，看占卜師能否找出二次世界大戰期間埋在倫敦北部的未爆彈。結果馬利李和他的占卜同僚的運氣實在很差。

比爾・李維斯（Bill Lewis）是來自威爾斯的占卜名家，在英國頗具盛名，我很榮幸曾經在他的家鄉艾伯加文尼（Abergavenny）和他共事。當他和保羅・迪弗瑞斯（Paul Devereux）在牛津北部的羅萊特巨石圈（Rollright Stone Circle）進行「龍計畫」（The Dragon Project）時，談起聖地的輻射能。比爾拿出靈擺來占卜，指向在巨石圈內的一圈苜蓿草。他告訴保羅，那裡就是輻射增生之處。由於在這個地點有兩個蓋格計數器（geiger counter）——其中一台是比爾所有——他們立即動手檢查並且得到證實！然而，當比爾被要求接受電子版的標準三根水管程序檢測時，結果也是運氣不好——他用二十五個電子電路來做，得要回答哪一個電路開啟、哪一個關閉❽。

法蘭・費里利（Fran Farrelly）是美國占卜師學會的理事，來自佛羅里達州，是一位備受尊崇的占卜師。她是受到高度尊敬的美國女性占卜師。法蘭曾為加

❽參閱佛朗西斯・西欽斯（Francis Hitchings）所寫的《占卜》（*Dowsing: The Psi Connection*）一書第105、108頁。

州滿羅公園（Menlo Park）的史丹福國際研究（Stanford Research International）工作。這個機構最為人所知的就是遙視（remote viewing）領域，用占卜方式探索未知的地方或事件。儘管許多人都能夠相當正確的「看見」某個景象，更大多數人無法知道那個景象是在何處。法蘭覺得也許占卜師能夠使用地圖占卜技術來找出方位，因此執行一系列稱為「預測搜尋」（Project Search）的實驗，使用《美國占卜師學會文摘》（*ASD Digest*）的各頁篇幅，請占卜師在地圖上找出各種物體的所在位置。

結果不太吸引人。例如：在第二次實驗時，她要會員在一張佛羅里達的聖彼得堡地圖上找出某個地點，是兩位老女士住屋相連的住處。在一張四百個方格（二十乘以二十）的透明圖上，二百零二位占卜師中只有三位找出兩位女士住屋的確切方位。

雖然有些實驗結果比其他來得好，整體而言，所有這類檢測顯示，占卜師所獲得的成果還比不上靠運氣來決定。

為什麼所有這些非常能幹的占卜師會冒著毀壞個人聲譽的風險，嘗試用科學方式來證明占卜的效用，除非他們感知（直覺上的知道）自己過去已經有成功、正面的占卜結果？

然而，當人們從科學角度來考察占卜時，屢屢發現占卜似乎是無效的。不過也有些例外情況。薩柏・哈瓦里克（Zaboj V. Harvalik）博士是阿肯薩斯大學物理學教授，後來也是維吉妮亞州亞歷山卓市（Alexandria）美國陸軍先進概念材料機構（United States Army's Advanced Concepts Materials Agency）的顧問，就是一個特例。多年來，哈瓦里克博士的實驗結果都刊登發表在《美國占卜師學會文摘》，許多實驗都是在他位於維吉妮亞州洛登（Lorton）的自家後院完成的。長話短說，他能夠藉由把某種頻率置入地下的方式來創造出電磁場。他發現，實驗對象中有九成以上的人能夠偵測出不到半個伽瑪❾的變化。其中德國占卜師威而漢・波爾（Wilhelm De Boer），能夠偵測到比地球上較低電磁場域還要低了十億倍的磁場變化！不幸的是，哈瓦里克博士的研究只是以科學方法來檢測占卜師中極其少數實驗裡的一小部分而已。這是一個特例。

我的碩士學位是「神聖空間」，這是一門跨領域的學科，我研究宗教改革之

❾伽瑪，此處指磁場強度的單位。

前的歷史期間，在世界各地的神聖圈地如何被建構出來。這些聖地在外貌上有各式各樣的變化。比較一下埃及的金字塔、巴黎東邊的哥德式查特（Chartres）大教堂、巨石陣（Stonehenge）、北美雕像丘如美國俄亥俄州亞當斯郡（Adams County）的蛇丘（Serpent Mound），以及柬埔寨的吳哥窟。儘管它們看起來彼此差異很大，這些聖地共享某些有趣的相似性。它們都是被建造在力量中心上；建造時使用某種幾何學原理，稱為神聖幾何；而聖地都面向一個重要的天體（通常是太陽或月亮，星星則比較少見）事件。最後這一點涉及古代天文學的研究，稱為考古天文學（archaeoastronomy）。

力量中心、神聖幾何與考古天文學等三個共同因素扮演著強化的角色，與焚香、唱誦、鼓聲以及其他靈修活動一起運作，大幅提升了我們直覺面向的覺察可能性。就像是一把精美打造的小提琴。雖然一切作為都是為了要強化「聲音」，但在聖地的這個例子裡，受到強化的並非聲音，而是靈性意識。

科學實驗室是一種完全不同的空間。它的建造是要強化理性與邏輯，而不是直覺的面向。一切作法都是為了去除主觀，以及任何可能出現的無法預測的反應。所以占卜師在這種環境裡表現不好，一點也不足為奇！當直覺能力完全聽任於理性力量並受其控制時，我們可以合理的假設占卜無法順利進行。

在我看來，要在完全受到操控的科學實驗中進行占卜，感覺就像構成半個太極圖中的「網球」一樣，成為光海中的黑點（參見第七十五頁）。占卜師就是這個小黑點，完全被科學之光籠罩，而且與他的黑暗直覺面分離開來。沒錯，我們是有可能在這些條件下讓直覺運作，但不太可能發生。

讓占卜師的直覺面能夠運作的理想環境是神聖空間。也就是比爾・李維斯發現的具有輻射的苜蓿草地之處。而科學實驗室與神聖空間是對立的。

或許我們可以提出一個較好的問法：「為什麼我們在直覺上的『知道』對現實世界有用的占卜技術，在使用科學方法說服他人占卜的效度時，突然間就消失不見？」

科學方法的基本信念之一是可重複的一致性。我應該設計出一種實驗，讓地球上的其他人在相同設備與程序下，也會得出同樣的結果。然而占卜不是這樣運作的，占卜無法永遠百分之百正確，也並非永遠都能重複。

我和「預測搜尋」的執行長法蘭聊到她的一系列實驗。她除了對結果感到失望之外，並說：「我不認為現階段占卜師能符合科學方法的標準。當帶進可重複性的議題時尤其如此。」

我相信你已經發現，對占卜師最大的阻礙就是占卜師。身為個體，我們的期待、需求以及我們帶進占卜經驗中特定層次的意識，都會影響占卜的結果。以量子力學為例，沃納•海森堡在測不準原理中談到我們無法把觀察者與實驗分開。這個看法充分解釋，優秀占卜師在面對一個冷漠客觀的或稍帶反靈知派態度的科學觀察者時的失敗表現。觀察者的確與實驗互動，不幸的，並非實驗的所有部分都是一起運作的。

這個兩難有部分是來自於現實，二十世紀的人們已經放棄了自己去界定終極實相的權利，對科學家而言是個事實。科學家已經變成二十世紀的神職人員。在某些人看來，科學家界定實相。如果你嚐不到、看不到、摸不到、聞不到、聽不到，或無法在刻度盤上移動指針，它就不存在。如果科學家說它不是這樣，它就不是這樣。

要探索我們的直覺，以及榮格所稱的潛意識或原型之地，還有占卜，需要一個完全不同的探究途徑，它不否定科學的效度，而是同時追求科學與直覺。我們追求的不只是以左腦為主的人類分析能力，還有直覺的、創造的、靈性的、擴展式的右腦活動。

曾經協助世界各地原住民，讓他們擁有個人層次的直覺與靈修經驗的各項技術，已經被壓制了一千年。在占卜領域，我們都還是嬰兒。目前的發展階段，我們讓科學家用科學檢測來考察大部分的占卜師，這就像是把奧運的裁判標準用在評判九歲女孩在騎馬學校第一年的表現一樣。占卜這門藝術在二十世紀仍然處於嬰兒期。

占卜是一種技能，並不反科學。事實上，它要求以理性途徑來發展出正確的問題，這是任何科學家都同意的。然而，現在該是科學家採取另一種途徑的時候，而且與其對優秀占卜師進行實驗，不如雙方一起合作。這種科學與直覺的結合，主觀與客觀的結合，將能產生最好的結果。

念相與占卜

思想具有形式。

請你自己來測試這個概念。拿出你最喜愛的占卜裝置，用手指在自己面前不遠處畫出一條「想像的」線。依著那條線來占卜，彷彿尋找一條水脈一樣。占卜的回應會是完全相同的。

有關思想的力量最簡單的一個例子就是，與傾聽真相相比，當占卜師更有興趣獲得某一個特定答案的時候，在此情況下，占卜師自己的念相成為阻礙。我們先前在書中好幾處已經討論過這個情況。想要得到某個答案的想法，導致你得到了那個答案。

念相可以用許多不同方式被創造出來。在美國每年九月，有八、九百人聚集在佛蒙特州的丹夫利，參加美國占卜師學會的年會。多數戶外活動都在丹夫利的葛林鎮（Town Green）進行。多年來，數以千計的占卜師已在這個地方占卜過水源。

占卜不是永遠都正確的。（只要有人說他永遠都正確，從未錯失一口水井或一條能量線，我都很懷疑。）許多初學者在學習時，都是占卜到並不存在的水脈。所以我相信許多占卜師最後都把自己的念相植入葛林鎮，無論他們是否確實找到了地下水脈。儘管葛林鎮擁有好幾條真的地下水脈，但此地現在充滿各種由占卜師的念相所植入的假想水脈，卻以為它們是真的水脈。

憤怒會創造出非常強烈的念相。譬如你和伴侶吵架後決定和好，卻發現自己置身在當時爭吵的地方，憤怒就像一片烏雲般停留在那裡，而這份情緒能量將阻礙你想和好的努力。點燃新鮮乾燥的鼠尾草，以煙薰房間的四個角落，同時集中意圖清理房間裡所有的負面能量，將有助於移除憤怒的念相，使房間成為一個比較宜人的地方。（很巧的是，鼠尾草也能清除病人所在房間的穢氣。）

對默劇演員來說，念相是非常真實的。我朋友羅伯・梅民（Rob Mermin）是馬歇・馬叟（Marcel Marceau）的學生，就是透過自己的經驗發現念相的「實相」。有一次，當他在空無一物的舞台上，用自己的身體動作創造出一個房間，並繼續在那個房間內表演。在想都沒想的情況下，他不小心的直接走向一面他創造出來的「牆」，然後就被彈回身後的舞台邊緣！

念相能持續存在很長一段時間。有一次，我在英格蘭中部，追隨一條草地線（聖地排列成的一直線），它行經亞伯勞（Arbor Low），是在德貝夏（Derbyshire）的伯思敦（Buxton）附近一個巨石建造的臥式石圈，也是著名的草地線中心。（沒有證據顯示這些石頭曾經直立過。）我追隨的這條草地線並沒有一條能量線（參見一二一頁）與它並行。在據稱穿越亞伯勞的三十多條草地線中（有人宣稱有更多條），我只發現四條能量線。

但回到那條明確的一直線。我在亞伯勞東南方的瓦特沃克（Altwark）找到一處墓室。這座墓室的主要軸線直接朝向亞伯勞，而我在那裡找不到一條能量線。我想知道是否能占卜出建造者讓墓室與臥式石圈呈一直線的意圖，果然我找到一條一公尺寬往西南方向的直線，通向亞伯勞。實際上，你可以說我是在占卜一條有四千年歷史的念相。

你可以嘗試一項練習，請朋友對著房間某處發出一個念相。你的朋友必須要做好準備集中心神，接下來一旦他發出念相，就不要亂想。這個念相可以是任何事情，從一個數字到一幅複雜的彩色影像都可以。當朋友告訴你念相就在那裡時，請嘗試去占卜它。如果你夠細心的話，甚至可以占出念相的形狀。是一個金字塔嗎？一個方塊？一個場域？其他形狀？看看你是否能夠用你的雙手「感覺」它。

我建議你占卜念相完畢後，務必要擦拭掉。方式很簡單，就用雙手來回擦拭，彷彿在擦黑板一樣。這個動作讓你把意圖專注在移除你剛創造出來的念相。否則當你嘗試再占卜其他東西時，就會遭遇到這個念相。

> 思想，我們心靈發射出來的東西，就像你現在雙手拿的這本書一樣真實。

我已經投射出一個念相，以及一個真正的三角形，在附件的世界地圖占卜圖的其中一個方格內。你能不能找到它？這個念相形成的三角形以及對應的三角形成了一個大衛星（一個由兩個等邊三角形所形成的六角星形）。你能不能占卜出這整個星形？你可以核對第一七一頁的答案。

無工具占卜法

有些占卜師並不使用靈擺或Y形杖之類的工具，甚至也不用占卜圖。他們占卜時不用任何工具，所以被稱為無工具占卜師。一方面，他們發展出來的方式是手邊永遠都有工具，只不過這個工具是內在的。這個現象開啟的主題領域已經超出這本書的範圍。然而，如果你想嘗試的話，以下練習將是提出開始這個方向的簡易方式。

閱讀下一段文字之後，就把這本書放在一邊，試試這項練習。你知不知道你做夢是哪個螢幕？這個螢幕就在你雙眼上方？在你的螢幕上，試著看見靈擺處在探查位置。然後看著它移向「是」，再移動到「否」。

如果你讓眼睛保持張開的狀態，但稍微失焦，可能比較容易「看見」這個移動。不要直視著任何東西，而是去「看著」靈擺。我的「是」是順時針方向，而「否」是逆時針。我想像牡羊座符號♈就在雙眼上方，並且看著兩隻角交會之處最底部的位置。我提出問題後，如果發現自己雙眼朝右上方看，答案就為

「是」；朝左上方就為「否」。這裡的技巧在於讓意識保持一種想從這個過程中找出特定答案的欲望。留意你自己想要某個特定答案的需求，同時確認這個需求不會干擾真相。

目前，身為西方教育的產物，有許多人似乎都發現他們的生命中少了某樣東西。在我們追求真相的時候，理性方法並非永遠都有效，而且越來越多人都在談論新的直覺認識法。本書只是一個開始。如果你發現靈擺是有用的，勸你再多認識一下這個變化萬千的解決問題的裝置。我也建議你加入我列在本書後面的其中任何一個組織。

靈擺以及本書所提到的其他工具，能協助你發展直覺。它們能幫助你在自己的道途上邁向你的真相。占卜當然不是唯一的方式，它不像有些道途會宣稱自己就是唯一的；然而，有越來越多人正發現到，占卜在他們生活中是一個平衡而且有用的工具。我希望你將成為我們的一員。

附錄

推薦書目

- Archdale, F.A. *Elementary Radiesthesia & The Use of the Pendulum*, Health Research, Mokelumne Hill, California 1961（優良的入門小冊。）
- *Bible*, Revised Standard Version, Thomas Nelson & Sons, New York, 1959（提供占卜與神聖幾何的書籍。）
- Bird, Christopher. *The Divining Hand* , E.P, Dutton, New York, 1979（五百年來的占卜歷史。）
- Graves, Tom. *The Diviner's Handbook*, Aquarian Press, Wellingborough, Northamptonshire, 1986 (Published in the US by Inner Traditions International Ltd, Rochester, Vermont,1986)
- Graves, Tom. *Needles of Stone Revisited*, Gothic Image Publications, Glastonbury, Somerset, 1986. Distributed in the US by The GreatTradition.（占卜與地球神祕學。）
- Graves, Tom. *The Elements of Pendulum Dowsing*, Element Books, Shaftesbury, Dorset, 1989

- Graves, Tom. *The Dowsers Workbook*, Aquarian Press, Wellingborough, Northamptonshire 1989 (Published in the US by Sterling Publishing, New York, 1989)
- Farrelly, Frances. *Search: A Manual of Experiments*, ASD Book 8 Supply, Danville, Vermont, 1988（地圖占卜、超感官知覺、通靈練習手冊。）
- Howard-Gordon, Frances. *Glastonbury Maker of Myths*, Gothic image Publications, Glastonbury, Somerset, 1982. Distributed in the US by New Leaf.（聖地小鎮格拉斯頓伯里的傳奇故事。）
- Hitchings, Frances. *Dowsing: The Psi Connection*, Anchor Books/Doubleday, Garden City, New York 1978（有很好的占卜綜合介紹。）
- Jenkins, Palden. *Living in Time*, Gate Books, Bath, Somerset, 1987, Distributed in the US by New Leaf.（對於基礎占星學有新穎的看法。）
- Lonegren, Sig. *Earth Mysteries Handbook: Wholistic Non-intrusive Data Gathering Techniques*, ASD Book 8 Supply, Danville, Vermont, 1985（神聖幾何學、考古天文學與占卜。）
- Lonegren, Sig. *Spiritual Dowsing*, Gothic Image Publications, Glastonbury, Somerset, 1986. Distributed by New Leaf Distributors on the East Coast, and by Great Traditions in California.（有關地球能量、古代遺址以及療癒。）

- MacLean, Gordon. *Field Guide to Dowsing*, ASD Book & Supply, Danville, Vermont, 1980（基礎占卜。）
- Postman, Neil & Charles Weingartner. *Teaching as a Subversive Activity*, Delacorte Press, New York, 1969（公立／中等教育的靈知派呼籲。）
- Parker, Derek & Julia. *The Compleat Astrologer*, Mitchell Beazley Ltd, London, 1971 and McGraw-Hill Book Company, New York, 1971（完整的占星入門書。）
- Sheldrake, Rupert. *A New Science of Life*, Blonde & Briggs Ltd, London, 1981（全息圖的生成場域與實體。）
- Sjöö, Monica. & Barbara Mor. *The Great Cosmic Mother: Rediscovering the Religion of the Earth*, Harper & Row, San Francisco, 1987（大地之母的故事。）
- Starhawk. *Dreaming the Dark: Magic, Sex, and Politics*, Beacon Press, Boston, 1982（有關女巫迫害的女性主義觀點。）
- Underwood, Guy. *The Pattern of the Past*, Abelard-Schuman Ltd., New York, 1973 (first published in 1969)（進階地球能量占卜。）
- Watkins, Alfred. *The Old Straight Track*, Abacus London, 1974 (First published in 1925)（英國第一本有關草地線的書籍。）
- Willey, Raymond C. *Modern Dowsing*, ASD Book & Supply Danville, Vermont, 1976（基礎占卜。）

相關組織

◎澳洲

- The Bach Flower Remedies, Martin & Pleasance Wholesale Pty. Ltd.
- Australia Dowsers Society of NSW
- Fountain Groups（在澳洲有二十個以上的 Fountain Groups，進一步資訊請參見英國 Fountain International。）
- Southern Tasmania Dowsing Association

◎加拿大

- The Bach Flower Remedies, Ellon (Bach USA) Inc.
- The Canadian Society of Dowsers（有關會員與資訊。）
- The Canadian Society of Questers

◎英國

- Bach Flower Remedies Ltd.
- The British Society of Dowsers
- OakDragon（整體主義的戶外營隊，研習地球神祕學的各種面向。）
- Fountain International（雜誌多次刊載有關占卜的文章。當地 Fountain Groups 定期舉行集會。）

◎紐西蘭

- New Zealand Society of Dowsers

◎美國

- The American Society of Dowsers（優良的基礎與水源占卜課程。全美各地有地方分會。區域集會。）
- ASD Book and Supply（提供有關占卜及相關主題書籍的優良管道。可索取目錄。）
- The Bach Flower Remedies, Ellon (Bach USA) Inc.
- The Flower Essence Society Fountain Group
- New England Antiquities Research Association (NEARA)（新英格蘭的古代遺址。可自由造訪占卜。）
- OakDragon（有關 OakDragon 集會的資訊。）

◎德國

- The Bach Flower Remedies, Bach Centre German Office
- Boden Mensch Wetter
- Fountain Group
- Zeitschrift fur Radiesthesie

世界地圖占卜圖解答

地圖占卜的答案是以與方格對應的方式呈現。找找你占到的方格位置，如果它出現在答案裡，你就找到石油了！如果答案沒有列出你占到的方格，就回到世界地圖占卜圖，再占一次。

A1, B1, B2, C1, C2, C4, C5, D1, D2, D3, D4, D5, D6, D7, E2, E3, E4, E5, E6, E7, F1, F4, F5, F6, F7, F8, F9, F10, G2, G3, G4, G7, G8, G10, G11, G12, G13, H2, H4, H8, H11, H13, I9, I10, I11, J2, K1, K2, K4, K5, K6, K7, K8, L2, L3, L4, L5, L8, M1, M2, M3, M4, M5, M9, M10, M11, N1, N4, N5, N6, O1, O3, O4, O5, O6, O8, O9, O10, O11, P1, P5, P6, P7, P8, Q1, R1, R5, R7, S1, S3, S4, S6, T1, T2, T6, T7, T8, U1, U2, U3, U4, U5, U6, U7, U8, U9, U10, U11, V1, V2, V3, V4, V8, V9, V11, V12, W8, W9, W10, X8, X9, X10, X12, X13, Z12.

在第一六三頁六角星形的念相練習的答案，就在世界地圖占卜圖方格L7的位置。

謝辭

我要感謝在格拉斯頓伯里Gothic Image的Frances Howard-Gordon、Jamie George，以及Oliver Caldecott一開始給予我的協助，他們介紹我認識Ian Jackson、Nick Eddison，以及我的編輯：Eddison Sadd Editions的Christine Moffat。還有其他許多人在不同層面幫助我完成這本書，我無法一一提及，但是我特別感謝Linda Cameron、John Forwald、Tom Graves、Sue Holmes、Kelly Hunter、Carol Irons、Donna Mackay、Steven Lawrence、我的姐姐Sally Lonegren、Paul Sevigny、Joanna Trainor，以及我的孩子Lucas與Jordan。我要特別感謝Eleanor Ott，謝謝她在閱讀本書初稿的一切努力，以及Palden Jenkins，她協助我處理二稿。

索引——中譯名稱（原文）原文出處

The Other 7R
無所不能的靈擺占卜
找尋失物、預測解惑、檢測食物、能量治療、溝通潛意識……你的靈擺全部辦得到！

作者／席格．隆格倫 (Sig Lonegren)
譯者／海格夫人
美術設計／吉松薛爾
特約編輯／ chienwei wang
校對／簡淑媛

新星球出版 New Planet Books
業務發行／王綬晨、邱紹溢、劉文雅
行銷企劃／陳詩婷
總編輯／蘇拾平
發行人／蘇拾平
出版／新星球出版
231030 新北市新店區北新路三段 207-3 號 5 樓
電話：(02) 8913-1005　傳真：(02) 8913-1056
E-mail 信箱：newplanet@andbooks.com.tw

發行／大雁出版基地
231030 新北市新店區北新路三段 207-3 號 5 樓
電話：(02) 8913-1005　傳真：(02) 8913-1056
讀者服務信箱：andbooks@andbooks.com.tw
劃撥帳號／ 19983379
戶名／大雁文化事業股份有限公司

二版一刷：2023 年 12 月
定價 750 元
ISBN : 978-626-97446-5-7
版權所有•翻印必究 (Print in Taiwan)
缺頁或破損請寄回更換

國家圖書館出版品預行編目 (CIP) 資料

無所不能的靈擺占卜 : 找尋失物、預測解惑、檢測食物、能量治療、溝通潛意識……你的靈擺全部辦得到！/ 席格．隆格倫 (Sig Lonegren) 著 ; 海格夫人譯 . -- 二版 . -- 新北市 : 新星球出版 : 大雁出版基地發行 , 2023.12
面； 公分 . -- (The other ; 7R)

譯自 : The pendulum kit : all the tools you need to divine the answer to any question and find lost objects and earth energy centres.
ISBN 978-626-97446-5-7(平裝)

1.CST: 占卜

292　　112019787

The Pendulum Kit: All the Tools You Need to Divine the Answer to Any Question and Find Lost Objects and Earth Energy Centres First published in 1990 by Eddison Sadd Edition Text Copyright © 1990 by Sig Lonegren Complex Chinese translation copyright © 2023 by New Planet Books
ALL RIGHTS RESERVED